SOUCHON

UNE VIE EN CHANSONS

34-36, rue La Pérouse
75116 Paris
Ouvrage dirigé par Clément Ronin

Graphisme de couverture : Christophe Petit
Mise en page : Nord Compo
Photo de couverture : © François LOCHON/ Gamma-Rapho/
Getty Images
ISBN : 9782755672671
Dépôt légal : avril 2024
Imprimé en France par CPI Bussière en avril 2024 (2075612)

VALÉRIE ALAMO

SOUCHON

UNE VIE EN CHANSONS

Hugo Doc

« L'élégance est de se comporter dans
la solitude comme en société. »
Sylvain Tesson

SOMMAIRE

AVANT-PROPOS

La première fois que j'ai vu Alain Souchon à la télévision, j'ai cru qu'il n'avait pas eu le temps de se changer. Il chantait en habit de ville. Dans mon esprit de petite fille, un chanteur devait obligatoirement porter un costume à paillettes assez voyant, avec en dessous une chemise à col jabot.

Il n'en était rien, mais le choc vestimentaire passé, j'ai adoré sa chanson, « J'ai dix ans », qui est devenue très rapidement l'hymne de ma cour de récré, à Avignon. Grâce à Souchon, on pouvait dire des gros mots en toute impunité. Un mystère demeurait cependant : disait-il « Gare ta gueule » ou « Tarte ta gueule » ?

Je me revois quelques années plus tard, avec mon grand cahier, sur la table en Formica de la cuisine de mes grands-parents, dans les Cévennes, en train d'écrire le story-board du clip *Ballade de Jim*. La maison de disques avait lancé un concours… L'infirmière avait les yeux verts, comme moi. D'ordinaire, il n'y en avait que pour les yeux bleus…

Comment oublier ce jour d'octobre 1996, au château de Sucé-sur-Erdre, en Loire-Atlantique ? Sur le chemin d'une résidence de travail en Bretagne, Alain Souchon et Laurent Voulzy y ont fait une halte à la demande de Francis Cabrel, qui avait délocalisé ses Rencontres d'Astaffort. Et là, devant des stagiaires étonnés de vivre un moment d'une telle intensité, tous trois ont échangé à bâtons rompus sur la manière dont chacun écrivait ses chansons, répondant à toutes les questions des artistes apprentis.

Presque trente ans après, mon portable sonne. « Allô, bonjour, je suis Clément Ronin, je suis éditeur chez Hugo Publishing, et j'aimerais vous confier l'écriture d'un livre sur les chansons de Souchon… » Je ne rêve pas… Me voilà soudain redevenue étudiante en lettres, quand, avec mes Lagarde et Michard, je disséquais les textes des grands auteurs, me demandant parfois si on ne leur faisait pas dire un peu ce qu'on voulait. Là réside la magie d'une chanson. Quelquefois, il suffit d'un mot, même sorti de son contexte, pour qu'elle nous accroche et nous accompagne toute une vie.

Presque trente ans après Sucé-sur-Erdre, mon téléphone sonne de nouveau. « Allô, c'est Stéphane [Deschamps, responsable des ateliers de création Midi-Aquitaine France Bleu], c'est OK pour l'interview d'Alain Souchon pour le feuilleton France Bleu[1]. Rendez-vous tel jour telle heure à la Maison de la Radio. »

Quarante-cinq minutes d'interview prévues, une heure et demie d'interview enregistrée… « On est bien, là, dans votre studio. On dirait que l'on est dans les nuages », souligne Alain

1. « La Ballade d'Alain Souchon et Laurent Voulzy », France Bleu, juillet et août 2024.

Souchon. Je trouve aussi « que ce moment-là était vraiment bien ». J'ai recueilli de belles confidences, de belles anecdotes, notamment que Somerset Maugham n'a jamais écrit de nouvelles pour dames ! Enfin, si... le temps d'une rime !

Ça s'agite de l'autre côté de la vitre, le temps de glisser à Alain Souchon que j'écris un livre sur ses chansons. Je connais ses réticences. « Je n'aime pas voir mes textes publiés seuls, on ne peut séparer le texte de la musique, c'est le principe d'une chanson, mais si c'est vous, ça va... ! » Je pense au contraire que de se plonger dans l'histoire des chansons donne envie de réécouter l'œuvre en entier.

Alain Souchon se lève, déplie son éternelle allure d'adolescent et me confie : « J'aurais voulu être un grand intellectuel, c'est mon drame.

– Cette "foule sentimentale" qui nous définit si bien, c'est vous qui l'avez décrite, bien mieux que n'importe quel rapport de psychosociologie, et c'est dans votre chanson que l'on se reconnaît, et non dans un dossier numéroté. »

J'aurais pu ajouter que personne ne fait le poids face à un chanteur qui écrit « Caterpillar dans la lingerie fine »...

« Je peux vous embrasser ? » demande-t-il avant de partir.

Chut... Je suis à Malo Bray-Dunes...

Valérie Alamo

« L'AMOUR 1830 »

CHANSON GUIMAUVE POUR FRÉDÉRIC FRANÇOIS

Dépité par le bide enregistré par ses trois premiers 45 tours, Alain Souchon décide, pour nourrir sa famille, d'écrire une chanson « à l'eau de rose » pour un chanteur à succès, sans savoir que cela va changer sa destinée.

Après avoir écumé les cabarets de la rive gauche à Paris en jouant ses compositions guitare à la main et avoir traversé de longues années de vaches maigres, Alain Souchon finit par signer chez Pathé Marconi en 1971. Il publie son premier 45 tours, « Je suis un voyageur », avec « Restons chez nous » en face B, suivi de deux autres vinyles, en 1972 : « Un coin de solitude/ Qu'est-ce qu'ils ont les hommes ? » et « Et demain sera un autre jour/ Léocadia ». Les trois connaissent l'échec.

« J'aimais bien la première chanson, qui s'appelait "Je suis un voyageur", mais personne ne l'a jamais entendue... sauf Francis Cabrel ! L'an dernier, il m'a dit qu'il la connaissait : "Quand j'étais jeune, j'allais à la pêche, et, à la radio, je me souviens, j'entendais cette chanson que j'aimais bien..." J'étais scié parce que personne ne la connaît...[2] »

L'artiste se souvient encore avec émotion de la première fois où il a entendu sa chanson à la radio. Sa maison de disques l'avait averti que celle-ci allait être diffusée sur Radio Monte-Carlo. Il est alors en Bretagne, et écouter RMC sur les grandes ondes, comme c'est le cas à l'époque, relève de l'exploit technique. Entre deux craquements, il reconnaît sa voix et des bribes de sa mélodie.

En 1973, Alain Souchon a 29 ans. Le doute l'assaille quant à la poursuite de sa carrière de chanteur. Le 20 novembre 1971, il a épousé Françoise Villechevrolle, qu'il a rencontrée deux ans auparavant. Il la surnomme « Bélote », attention délicate pour lui rappeler qu'il la trouve « belle ».

Le 11 octobre 1972, le petit Pierre pousse son premier cri. Plus question pour Alain Souchon de vivre d'amour et d'eau fraîche, ou plutôt de laisser sa jeune épouse, diplômée en sciences naturelles, subvenir seule aux besoins du foyer. Lassé des petits boulots dont il a fait le tour, l'artiste se met en tête d'écrire un succès populaire pour sortir de ses difficultés financières et montrer à sa dulcinée de quoi il est capable.

« J'étais un traînard. Et puis, un jour, j'ai rencontré ma femme, qui est quelqu'un de très structuré. Elle faisait des études supérieures de biologie animale, elle passait avec succès ses examens, elle était bien habillée, elle sentait bon, elle était belle comme un cœur, et, comme moi j'étais un traînard, je me suis dit "Il faudrait que je gagne un peu d'argent pour que je puisse l'emmener là, là, là. Et donc, comme j'aime bien gratouiller la guitare, je vais faire des chansons faciles au point de vue musique, parce que je n'étais pas très fort, et je vais les placer." Et j'ai fait une chanson qui s'appelait "L'Amour 1830" pour la placer.[3] »

---

2. *Chorus* n° 7, printemps 1994.
3. « L'invité de Pascal [Nègre] », RFM, 15 novembre 2021.

En allumant la radio en 1973, difficile de passer à côté des numéros uns du hit-parade mettant en exergue la chanson populaire, celle qui entre sans frapper dans le cœur des gens : Claude François avec « Le Lundi au soleil », Michel Sardou avec « La Maladie d'amour » ou Frédéric François avec « Laisse-moi vivre ma vie ». Et c'est sur cet artiste italo-belge, de son vrai nom Francesco Barracato, qui met en pâmoison la gent féminine avec sa voix de velours et son physique de jeune premier, qu'Alain Souchon compte jeter son dévolu.

Et tant pis si cet univers quelque peu guimauve n'est pas de son goût. Il écrit « L'Amour 1830 » avec la ferme intention de la proposer à Frédéric François. Alain Souchon se rend à l'évidence : personne n'écoute ses chansons, alors que Frédéric François vient de vendre près d'un million de disques !

Alain Souchon suit ainsi les traces de sa mère. À la mort de son second mari, Pierre, dans un accident de voiture, en 1959, Madeleine Lemaître dut trouver un emploi pour élever ses deux fils, Alain et Patrick. Elle devint romancière sous le pseudonyme de Nell Pierlain et connut le succès en écrivant des romans dits sentimentaux, publiés par les éditions Tallandier. Elle fut même lauréate du prix du Roman populaire, en 1968, pour *Le Rendez-vous de Marrakech*. En 2009, Patrick Souchon, le frère d'Alain, rend hommage à sa mère dans un ouvrage bouleversant, *La Chanson de Nell*, paru aux éditions Grasset, dans lequel il confie que le pseudonyme de l'écrivaine renfermait trois prénoms : Madeleine, Pierre et Alain.

Alain Souchon ne croise finalement pas la route de Frédéric François. Mécontent des services de Pathé Marconi qui d'après lui privilégie les grosses cylindrées, il prend le risque de rompre son contrat avec sa maison de disques et se met en quête de placer « L'Amour 1830 » chez la concurrence. Bob Socquet, qui est alors directeur artistique de RCA, le remarque et l'incite à interpréter lui-même sa chanson, tant son thème désuet semble en harmonie avec l'allure romantique du jeune chanteur.

« L'Amour 1830 » est sélectionnée à la très réputée Rose d'or d'Antibes, un concours de chansons francophones créé en 1962 par Claude Tabet et qui perdura jusqu'en 1979. Organisé chaque année sur la Côte d'Azur à Antibes Juan-les-Pins, il a mis en lumière Jean-Jacques Debout, Michel Polnareff ou Serge Lama, entre autres.

En 1973, le premier prix est attribué à David Christie et sa chanson « Notre premier enfant ». Alain Souchon, lui, remporte le prix spécial de la critique et le prix de la presse, créés pour l'occasion en réponse au palmarès joué d'avance ! Deux salles, deux ambiances…

Avec « L'Amour 1830 », Alain Souchon écrit une chanson populaire. Pourtant, il ne peut se défaire ni de son amour de la langue ni de sa culture littéraire. La mention « 1830 » n'est pas choisie au hasard : 1830, c'est l'année où est publié *Le Rouge et le Noir* de Stendhal, un des romans précurseurs du romantisme français.

Si, dans cette première moitié du XIXe siècle, de nombreux autres romans, comme *La Fille aux yeux d'or* de Balzac, mettent en scène des histoires d'amour singulières, recherchant l'idéal d'un amour absolu et défiant « la norme », les idylles de 1830 restent toujours empreintes de l'amour courtois du Moyen Âge. Et tel un troubadour, le chanteur se lamente d'être mal compris par l'être aimé qui demeure inaccessible.

Alain Souchon commence ainsi à dessiner le portrait d'un nouvel homme dans la société. Un homme fragile et tourmenté – toutefois ni aussi sage ni aussi lisse que son physique de rêveur romantique le laisse imaginer – et qui, dans sa tête, a toujours… 10 ans !

« J'AI DIX ANS »

RENCONTRE MYTHIQUE

Engagés dans la même maison de disques, Alain Souchon et Laurent Voulzy collectionnent les échecs chacun de son côté. En les présentant l'un à l'autre, le directeur artistique Bob Socquet ignore à quel point cette rencontre va se révéler essentielle dans l'accomplissement de leur vie intime et professionnelle.

Après le succès d'estime remporté par « L'Amour 1830 », RCA somme Alain Souchon de préparer un premier album. Bob Socquet tient à ce que son poulain se démarque pour qu'on le remarque. Il s'occupe par ailleurs d'un musicien très doué qui a besoin de travailler. Il souhaite que ce dernier pose des arrangements plus modernes que ceux de la variété des années soixante-dix sur les chansons de Souchon. Direction Nogent-sur-Marne, chez Laurent Voulzy !

Ce n'est pas la première fois que Souchon et Voulzy se rencontrent : « Alain et moi étions dans la même maison de disques, RCA. Un jour, le PDG a réuni les artistes de la maison, et chacun a interprété une chanson. J'ai dit à Alain Souchon que j'avais aimé sa prestation. Il a cru que je me moquais de lui, alors que j'étais sincère[4] », s'amuse Laurent Voulzy, qui reconnaît immédiatement le jeune chanteur qui, accompagné de Bob Socquet, franchit son palier.

Ayant en tête « L'Amour 1830 », Voulzy s'attend à rencontrer un garçon romantique. Il se retrouve face à un garçon drôle, fantaisiste, capable de sautiller partout, un « romantique délinquant », comme il aime à le définir. Si les chansons qu'Alain Souchon lui présente restent éloignées de son univers musical, il accepte de les arranger, charmé par le personnage et par la poésie qui émane de l'album.

Laurent Voulzy n'a rien oublié de cette première séance de travail au cours de laquelle Alain Souchon lui joue ses chansons à la guitare. « À un moment, je lui dis : "Tu n'as pas une chanson un peu plus rapide ?" Alain a pris sa guitare et a fait "Pon pon pon, j'ai dix ans, je sais que c'est pas vrai mais pon pon pon j'ai dix ans". Il a reposé la guitare et m'a lancé : "Tu vois le travail." Je lui réponds : "Attends, reprends la guitare, il y a quelque chose à faire." Il a repris la guitare et je lui ai demandé de ralentir le tempo. J'avais acheté l'album de Paul McCartney [*Wild Life*, premier album des Wings dont l'ancien Beatles fait partie] dans lequel il y avait une chanson qui s'appelait "Bip Bop". J'étais extrêmement impressionné par le picking fait par McCartney. Je lui ai dit : "Je vais faire un picking sur 'J'ai dix ans'", il a ralenti le tempo, il a fait sa petite pompe à la guitare, j'ai fait le picking, on a fini la chanson ensemble, peut-être en vingt minutes.[5] »

Alain Souchon est épaté par ce qu'il entend. « Je cherchais des mélodies, des espèces de comptines, et Laurent

4. *Le Monde*, 13 décembre 2021.
5. « Stop ou encore », RTL, 17 septembre 2023.

Voulzy a apporté une rythmique qui m'a ébloui. Je me suis dit : "Oui, c'est ça qu'il faut !" Et puis, on ajuste les mots à cette rythmique qui est géniale, comme font les rappeurs maintenant, c'est-à-dire que les mots, c'est de la rythmique aussi. C'est ce que j'avais d'ailleurs aimé en lisant la poésie, c'est que c'est de la musique.[6] »

La musique de Laurent Voulzy fait voyager l'inspiration d'Alain Souchon sur d'autres rivages, au point que son vocabulaire et son écriture s'en trouvent modifiés. « C'est en faisant cette chanson que j'ai compris qu'il fallait aligner les mots différemment, à cause du rythme. Avant Laurent, je ne mesurais pas que les textes classiques étaient peu adaptés aux musiques de l'époque ; à ces musiques, on ne peut pas coller du Ferrat ou de l'Aragon. Lorsque Laurent me donnait ses musiques qui bousculaient tout, ça n'était plus du tout le même travail que lorsque je concoctais mes petits refrains dans mon coin. Et j'ai découvert enfin ce que je voulais faire.[7] »

Souchon s'amuse avec le verbe et glisse dans le refrain une expression du langage populaire qui va faire la joie des petits écoliers, ravis de pouvoir chanter des gros mots : « Tar' ta gueule à la récré ! », un gimmick signifiant « Tu vas voir ta gueule à la récré » et qui vaudra à son auteur le titre du « chanteur le plus malpoli ». Tel un héros de dessins animés, Souchon se glisse dans la peau d'un petit garçon et vit « dans des sphères/ Où les grands/ N'ont rien à faire ». Un peu espiègle, un peu sale gosse, le « roi d'la sarbacane » « envoie des chewing-gums mâchés à tous les vents » et embête « les quilles à la vanille/ Et les gars en chocolat ».

---

6. « Le monde d'Élodie », France Info, 27 décembre 2021.
7. *Alain Souchon, le rebelle en douce*, Richard Cannavo, éditions JC Lattès, 1998.

La chanson évoque le mercredi comme jour où il n'y pas classe. Pourtant, lors de la scolarité d'Alain Souchon, le jour libre était le jeudi. Le passage au mercredi ne s'est fait qu'en 1972.

Quand il écrit « J'ai dix ans », Alain Souchon en a 30 et une peur viscérale de vieillir, déjà ! « Je ne veux pas aller à l'école apprendre des choses ennuyeuses… Je ne veux pas devenir un homme » : cette phrase provenant de Peter Pan, le héros du roman de James Matthew Barrie, trouve des résonances dans la pensée de Souchon.

Mais si ce dernier semble regretter la légèreté de l'enfance, ses 10 ans étaient plutôt habités par l'ennui. Le jeune Alain n'avait pas de rêves ni d'envies particulières et redoutait la sempiternelle question des adultes « Qu'est-ce que tu veux faire plus tard ? » Les autres enfants savaient y répondre. Pas lui, comme si rien ne l'intéressait. Cela le rendait inquiet.

Par extension, Alain Souchon confie aussi à propos de la chanson « J'ai dix ans » qu'elle décrit l'état dans lequel il se sentait à ses débuts face aux chanteurs qui jouaient déjà dans la cour des grands. « La cour des chanteurs, c'était Mike Brant, Johnny Hallyday, Joe Dassin… C'était ça, et moi, j'arrivais, un peu fluet. Je me suis dit que c'était malicieux d'affirmer le fait d'être fluet : "Moi, j'ai 10 ans ; voilà, je fais l'enfant."[8] »

Avec « J'ai dix ans », Alain Souchon connaît la joie d'un premier succès et partage les lauriers avec Laurent Voulzy. « On était fascinés, cela faisait trois, quatre ans que l'on sortait chacun des chansons qui ne marchaient jamais, et là, on fait un truc ensemble et deux, trois mois après, cela a eu un succès qui nous a surpris.[9] »

8. « Les secrets des tubes », BFMTV, 28 juillet 2023.
9. « La cour des grands », Europe 1, 21 novembre 2016.

Au-delà du succès de la chanson, « J'ai dix ans » marque la naissance d'un duo – pour ne pas dire d'un couple – musical, de deux âmes gémellaires qui, ensemble, ont inventé un langage, bousculant quelque peu la chanson française traditionnelle.

« Lorsqu'on a fait "J'ai dix ans", ça m'a ouvert un monde : c'était travaillé, agencé, avec des notes placées volontairement, pas par hasard. Ça m'a donné un plaisir inouï, à cause du rythme, du *beat*. C'était exactement ce que je voulais, je n'y arrivais pas tout seul. Laurent est trop perfectionniste et moi trop amateur, c'est cet équilibre qui définit notre couple. Et qui est rassurant. Pour moi. Pour lui. Cette approche plus rythmique m'a obligé à modifier mon écriture, à briser mes phrases, à bousculer la langue, le français. C'était comme un jeu.[10] »

La chanson est devenue une incontournable du répertoire de Souchon. Il en livrera une nouvelle version, en 2011, sur son album *À cause d'elles* qui fait la part belle aux chansons qui ont bercé son enfance.

10. *Télérama*, 26 septembre 2008.

« BIDON »

SOUCHON ANNONCE LA COULEUR

Avec « Bidon », Alain Souchon s'affirme en livrant un autoportrait attachant et décalé, à peine romancé. Il veut certes entrer dans la cour des grands, mais sans se renier ni perdre une once d'authenticité.

Après le succès remporté par son premier album, *J'ai dix ans*, Alain Souchon se trouve confronté au plus difficile, comme tous les jeunes artistes : confirmer l'essai. Le défi est relevé avec la sortie, en 1976, de son deuxième opus, *Bidon*, qui tire son titre d'une des dix chansons originales le composant.

Succès oblige, Alain Souchon se retrouve soudainement projeté dans un monde dont il ignore tous les codes. Il souffre du syndrome de l'imposteur, tout en se sentant en profond décalage avec les chanteurs de l'époque. Le clinquant l'indispose. « J'étais très impressionné par ce monde-là, et très impressionné aussi quand j'allais faire des émissions par tout ce côté paillettes, machin, tout ça. Moi, ça me faisait peur, je me disais : "Ce n'est pas du tout mon monde, qu'est-ce que je vais devenir là-dedans ?" Alors, je me suis dit que la seule façon, c'était d'annoncer la couleur, de dire "Attendez, moi, ce n'est pas la peine de croire que je suis en concurrence avec vous, je suis bidon, je m'amuse dans la vie, ce n'est pas sérieux, tout ça, je dis des conneries dans mes chansons, cela amuse, voilà…" Le fait de ne pas trop se prendre au sérieux dans ce monde où des mecs gueulaient "Je t'aiiiiimmme", cela m'a ouvert des portes, ça m'a calmé, j'avais moins peur après.[11] »

Comme dans « J'ai dix ans », Souchon use de l'art du contre-pied. En dressant le portrait d'un homme fragile et peu sûr de lui, il va là où personne n'attend un chanteur. Il dresse un éventail de situations dans lesquelles il ne se sent pas à la hauteur, ne sachant pas répondre à ce que l'on attend de lui, à ce que la fille de la chanson – en l'occurrence – attend de lui.

Un sentiment d'infériorité qu'il a réellement éprouvé lorsqu'il a rencontré la femme de sa vie, Françoise. Elle est très belle, elle a fait des grandes études. Fou amoureux, Alain Souchon est pétri de doutes. Comment une fille de sa trempe peut ne serait-ce que poser les yeux sur lui ? Elle l'a fait. Il en a été stupéfait !

Portée par la musique entraînante et sautillante de Laurent Voulzy, la chanson « Bidon » est annonciatrice du style « littéraire » de Souchon. Les vers sont courts pour apporter du rythme, un effet renforcé par l'utilisation d'un mot évocateur à la fin de chaque strophe : « composition », « consternation », « télévision », « admiration », « exhibition ». Souchon joue avec les sonorités en « on » qui rappellent le fameux « Satisfaction » des Rolling Stones, titre d'ailleurs cité dans « Bidon » : « Puis j'ai bousillé "Satisfaction"… » « Il faut

11. « C'est au programme », France 2, 18 mai 1999.

être rapide dans les chansons. Ce n'est pas Chateaubriand ! Il faut que ce soit concis. Il faut qu'il y ait des mots d'argot ou d'anglais qui soient un peu amusants et qui donnent le même plaisir qu'en société.[12] »

Des mots d'anglais, il en glisse quelques-uns dans une phrase franglaise – « And I just go with my pince à vélo » –, restes d'un exil forcé en Angleterre à l'adolescence. Sa mère, très inquiète de ses résultats scolaires, décide de l'envoyer étudier au lycée français de Londres pour apprendre l'anglais et passer le bac. Il est recalé trois fois à cause de ses lacunes en mathématiques. Peu importe : lui veut faire danser les mots, tous les mots, même ceux des médicaments comme « aspirine » ou « maxiton », l'amphétamine alors très prisée par les étudiants.

« Bidon » est l'occasion pour Souchon de glisser que l'image qu'il renvoie dans les médias est incomplète. Il n'hésite pas à sortir des sentiers battus, quitte à être un brin provocateur – « Faut dire qu'j'avais des talons aiguilles/ Le manteau de lapin d'une fille/ Des micro-bracelets aux ch'villes/ Exhibition » – à une époque où la transsexualité et l'homosexualité sont considérées comme des maladies mentales.

« Je ne voulais pas avoir les mêmes mots que dans les autres chansons. Je voulais inventer un nouveau langage. Donc, j'ai utilisé des mots d'enfants, des mots d'anglais, des tournures de phrases un peu enfantines parce qu'elles cassaient la syntaxe[13] » : comme dans « J'ai dix ans », Alain Souchon n'hésite pas à utiliser un langage commun pour livrer un texte plus profond qu'il n'y paraît, abordant le sujet de l'acceptation de l'autre dans sa différence, mais aussi celui du regard de l'autre sur soi et des injonctions de la

---

12. *Chorus*, été 2005.

13. *Le Soir*, 14 novembre 1990.

société qui veut nous faire entrer dans un moule, broyant ceux qui sont « bidons ». « J'écris des chansons comme on en écrit depuis le Moyen Âge, c'est-à-dire dans un langage extrêmement familier et populaire, un langage de la rue. [...] Moi, je n'invente rien, je ne fais que reprendre ce que doit être la chanson : populaire mais pas vulgaire, populaire sans être vulgaire »[14].

14. France Inter, 17 décembre 1977.

« S'ASSEOIR PAR TERRE »

UN 45 TOURS ENGAGÉ

En choisissant de sortir la chanson « S'asseoir par terre » en 45 tours, Alain Souchon dévoile une autre facette de sa personnalité. Celle d'un citoyen concerné, dénonçant le cynisme d'une société qui broie l'humain.

Dans l'album *Bidon*, paru en 1976, Alain Souchon redevient auteur-compositeur-interprète le temps de quatre chansons, dont l'incontournable « S'asseoir par terre ». Sans les mélodies enjouées et l'optimisme de Laurent Voulzy, Souchon replonge dans cette mélancolie qui l'habite depuis l'enfance, à laquelle s'ajoute, à l'âge adulte, un penchant pour la désillusion. Dans « S'asseoir par terre », Souchon se glisse dans la peau d'un jeune trentenaire qui, écrasé par la routine, invite ceux qui ont les mêmes états d'âme à le rejoindre.

En 1976, la France compte pour la première fois un million de chômeurs alors qu'elle en enregistrait moins de la moitié en 1974. Le coupable ? Le premier choc pétrolier de 1973. La société se transforme, le nombre de laissés-pour-compte augmente, les autres doivent suivre le rythme pour ne pas être éjectés à leur tour du système.

« Depuis l'temps qu'on est sur pilote automatique/ Qu'on n'fait pas nos paroles et pas not' musique », chante Souchon, qui déplore le peu de choix que nous laisse la vie moderne. Une fois pris dans l'engrenage du quotidien, que décide-t-on vraiment ? Le chanteur dénonce l'érosion de notre libre-arbitre et le fameux « Métro, boulot, dodo », slogan de Mai 68 issu du recueil de poésies *Couleurs d'usine*, signé Pierre Béarn et paru en 1951.

Souchon appelle à « un temps mort ». Se laisser choir sur le trottoir pour se délivrer de notre chimère baudelairienne si lourde à porter, pour ralentir le bolide dans lequel on est monté et qui va immanquablement droit dans le mur. Quelles solutions pour échapper à ce déterminisme social ? Rêver, sans doute, de gagner au Loto national qui vient de voir le jour…

Souchon est aussi obnubilé et terrifié par le temps qui passe, un thème récurrent dans ses chansons. « Le temps d'un gin et d'un film à la télé/ On se retrouve à vingt-huit balais/ Avec dans le cœur plus rien pour s'émouvoir. » Le temps file et ensevelit tous nos désirs. On passe de la lenteur de l'enfance au tourbillon de la vie d'adulte, sans palier de décompression, en perdant au passage toute capacité d'émerveillement.

C'est pour ne pas altérer cette dimension essentielle qu'Alain Souchon a choisi la vie d'artiste, pour ralentir son rapport au temps, pour conserver des plages de contemplation et de flânerie, pour se sentir vivant… « Je voulais exister un peu, je trouvais que je n'étais pas très, très beau et que les filles ne me trouvaient pas extraordinaire. J'avais envie de parler à ces gens qui ne m'écoutaient pas. J'avais envie que l'on me regarde et que l'on m'applaudisse.[15] »

En composant la mélodie de « S'asseoir par terre », Alain Souchon retrouve une forme d'écriture plus classique. Il use d'hendécasyllabes, des vers de onze pieds, à l'instar de l'un de ses poètes préférés : Arthur Rimbaud.

Surtout, Souchon dévoile pour la première fois au grand public sa facette de chanteur préoccupé par le monde qui l'entoure. Avoir du succès ne l'empêche pas de conserver un regard acéré sur la société. « Partir », dans l'album *J'ai dix ans*, et « Qui dit qui rit », également sur *Bidon*, sont de la même veine, mais la véritable petite sœur de « S'asseoir par terre » reste « Le Bagad de Lann-Bihoué » figurant sur l'opus *Toto 30 ans, rien que du malheur...* qui paraîtra en 1978.

---

15. « Radioscopie », France Inter, 13 avril 1978.

« Y'A D'LA RUMBA DANS L'AIR »

HOMMAGE À SA FAMILLE PATERNELLE

La vie intime d'Alain Souchon est maritime. Le chanteur revient sur la plage de son enfance, dans une station balnéaire de la baie de Somme.

Premier extrait de l'album *Jamais content*, paru en décembre 1977, « Y'a d'la rumba dans l'air » surprend par son rythme chaloupé cubain signé Laurent Voulzy et par son entame chantée en italien par Marie Ruggeri, surnommée Mary Christy, et qui, l'année d'avant, a représenté Monaco à l'Eurovision, terminant en troisième position avec le titre « Toi, la musique et moi ».

Autre curiosité, Alain Souchon fait un clin d'œil à Jean Gabin et à sa chanson « Je sais », écrite par Jean-Loup Dabadie. Nouvelle référence au monstre du cinéma français, avec l'évocation de la chanson « Nuits de chine » de Louis Bénech et Ernest Dumont – « Fermés les yeux des grandes filles bleu marine/ Toutes alanguies pour "Nuits de Chine" ») – que Gabin reprend *a cappella* avec Belmondo dans un bar de Normandie, dans une scène devenue culte du film *Un singe en hiver* d'Henri Verneuil, adapté du roman d'Antoine Blondin.

Dans « Y'a d'la rumba dans l'air », Alain Souchon feuillette l'album photo familial et nous entraîne dans la baie de Somme, sur les plages du Crotoy. « Cette chanson m'a été inspirée par ma famille. On allait souvent au Crotoy en vacances. Du côté de ma famille paternelle, c'étaient des bourgeois d'Amiens qui faisaient du chocolat. C'était la petite bourgeoisie moyenne, ils n'étaient pas très riches, mais ils avaient quand même un appartement à Amiens et une maison de vacances au Crotoy. Certaines de ces maisons ont été démolies pendant la guerre. L'une d'elles a été un peu reconstruite et transformée en Casino. Tout cela s'est mélangé dans ma tête. "Tu cherches des morceaux d'hier, pépère/ Dans des gravats d'avant-guerre/ Le casino, c'est qu'un tas d'pierres/ Ta vie, tu peux pas la r'faire." C'étaient des images qui me venaient comme ça.[16] »

Souchon évoque à plusieurs reprises la baie de Somme et Le Crotoy – ce coin de Picardie qui, pour lui, s'apparente au paradis – dans ses chansons, notamment dans « On avance », « Le Baiser », « La Côte d'Opale » et « Âme fifties ».

L'ambiance du Crotoy sied à merveille aux parents d'Alain Souchon, Pierre et Madeleine, qui forment un couple avide de culture. Sur la longue plage de sable, la seule du Nord qui soit exposée sud, ils se plaisent à frôler les fantômes de peintres célèbres qui ont immortalisé et connu Le Crotoy, à l'instar de Georges Seurat, Henri de Toulouse-Lautrec, Alfred Sisley ou Alfred Manessier qu'ils auraient pu rencontrer, sans oublier les écrivains Jules Verne et Colette, tombés eux aussi sous le charme du Crotoy. Jules Verne a passé

16. « Bonus Track », RTL, 10 juin 2021.

près de huit ans avec les Crotellois. Dans une maison baptisée *La Solitude*, il rédige notamment *Vingt Mille Lieues sous les mers*. Une légende maritime prétend que la maquette du *Nautilus* est enfouie dans le port du Crotoy… Colette, qui est très lue dans la famille Souchon, a séjourné durant cinq ans, à la belle saison, au Crotoy, dès 1906, dans la villa *Belle-Plage*, puis dans la *Villa des Dunes*. Elle y écrit *La Vagabonde* ou encore *Les Vrilles de la vigne*, un recueil de nouvelles comprenant notamment « En baie de Somme » et « À marée basse ».

« Y'a d'la rumba dans l'air » est empreinte de mélancolie et évoque le temps qui passe, l'un des thèmes de prédilection d'Alain Souchon. Nostalgique, il dépeint une époque révolue. Pour reproduire l'ambiance « piano bar » de la chanson, le chanteur fait appel pour la première fois à l'arrangeur Michel Cœuriot, élève de Gabriel Yared. Cœuriot a déjà travaillé avec Michel Jonasz et Françoise Hardy. C'est le point de départ d'une collaboration fructueuse entre les deux artistes.

En 2007, Alain Souchon reprend la chanson en duo avec Vincent Delerm sur l'album *Favourite Songs* de ce dernier, tandis que Philippe Katerine livre sa version du titre en 2017 sur l'album hommage à Alain Souchon, *Souchon dans l'air*.

« JAMAIS CONTENT »

DU RAP AVANT L'HEURE

Pour Alain Souchon, la chanson doit aussi servir à dénoncer les travers d'une société malade et à revendiquer certains idéaux. Il ne s'en prive pas dans « Jamais content ».

Extraite du troisième album qui porte son nom, la chanson « Jamais content » a été écrite dans une chambre d'hôtel de Cour-Cheverny, dans le Loir-et-Cher, un département où Alain Souchon a passé de nombreuses vacances au cours de sa jeunesse.

Lors de la première séance de travail, Laurent Voulzy met des cordes neuves, gratte la guitare et trouve un gimmick pendant que Souchon commence à écrire les paroles. « La première histoire était plus douce, plus gentille »[17], se souvient Voulzy. « Cela devait être une chanson folk, puis, d'un seul coup, on a eu l'idée de se servir de ce gimmick non pas en folk mais [...] tout seul et de mettre une rythmique. On a décidé de faire un truc qui allait durer cinq minutes

17. « La radio à roulettes », France Musique, 5 août 1978.

très, très dansantes avec un gimmick qui rentre bien dans la tête et un débit de paroles derrière »[18].

« On a pensé à “Cauchemar psychomoteur” [de Hugues Aufray]. Raconter une histoire avec plein de mots sur une mélodie très linéaire »[19], reprend Alain Souchon. « Dans cette chanson, il faut la rythmique, il faut le gimmick, et puis il faut le chant : c'est les trois trucs importants de la chanson.[20] »

Sans oublier le texte, qui met en exergue le sentiment d'insatisfaction qui habite l'être humain tout au long de sa vie : Alain Souchon y décrit les étapes clés de l'existence toutes jalonnées d'obligations ennuyeuses qui entraînent déception et frustration. Certains épisodes de la vie de l'artiste sont ainsi retracés.

D'abord, l'enfance bourgeoise, avec le devoir de bien se tenir pour ne pas sortir des rails de la bonne éducation. « Déjà mes parents, dans le temps/ Voulaient que j'aille faire le charmant/ Chez des amis d'mon grand-père/ Des pharmaciens, des notaires. »

Ensuite, l'adolescence en Angleterre, où sa mère l'a envoyé passer son bac en espérant que l'étudiant qui sommeille en lui se réveille. Alain Souchon doit alors s'inscrire au lycée français de Londres, mais le montant de l'inscription étant trop élevé, il opte pour des études par correspondance. Pour survivre, il trouve un petit boulot dans un pub, où il se laisse emporter par la fièvre musicale londonienne. C'est l'émergence des Beatles et des Rolling Stones. Londres foisonne de groupes de rock qui les imitent non seulement en faisant sonner la musique, mais aussi les mots comme des

18. *Ibid.*
19. *Ibid.*
20. *Ibid.*

notes ! Souchon est impressionné par cette effervescence, même s'il se sent un peu décalé avec sa culture française. « Je me suis sauvé en Angleterre/ J'faisais le frenchman super lover/ J'me teignais les cheveux, les sourcils/ Pour être plus brun, pour faire viril/ Carrément débile/ J'trouve pas mon style. »

À Londres, l'artiste joue la carte de l'exotisme en reprenant des standards de la chanson française : « On m'appelait "Monsieur Frenchman". Pour gagner ma vie, je jouais des chansons de Georges Brassens, de Guy Béart et de Félix Leclerc. Ils trouvaient cela joli et ils me chantaient du folklore en retour.[21] »

Enfin, l'âge adulte auquel Souchon se décide à « faire le chanteur ». S'il ne trouve pas immédiatement son style, il sait quel artiste il ne veut pas devenir. Hors de question de tomber dans la facilité, de faire une musique qui ne lui ressemble pas, même si le temps des vaches maigres dure. « J'ai chopé la mélancolie/ En faisant des chansons sur mon lit/ Une commande pour chanteur pas bien/ Fallait que j'dise France Américain/ Ça m'a carrément miné/ Tout dégoûté. »

Sur la musique de Laurent Voulzy, Alain Souchon retrouve son vocabulaire singulier. Il use d'un langage familier, utilisant une syntaxe enfantine – « Pas beau, l'avion » – tel un gosse boudeur. Un exercice de style qui rappelle « J'ai dix ans » avec un gimmick « carrément méchant » qui édulcore le côté révolté de la chanson, tout comme la voix douce de Souchon. « Pour moi, mon premier album véritable, c'est *Jamais content*. Mais qu'est-ce qu'on a mis en avant à l'époque ? "Allô maman bobo". [...] Mais moi j'aimerais qu'on retienne "Jamais content". C'était important

21. « Ça prend un début », France Inter, 30 juin 2007.

pour moi. Je trouvais ça génial, revendicatif. Du rap avant l'heure »[22].

« Jamais content » veut mettre un coup de pied dans la fourmilière, dans un système qu'Alain Souchon repousse. À sa manière, Souchon écrit avec Voulzy son « Satisfaction ». « Je ne peux obtenir aucune satisfaction », chantait Mick Jagger, reprenant l'idéologie d'une jeunesse qui souhaitait plus de liberté et dénonçait les diktats des puissants. Sans avoir l'air d'y toucher, Alain Souchon, de sa plume caustique, se range du côté des subversifs.

Lors de la tournée *Ici & là*, en 2021, l'artiste livre une nouvelle version de la chanson, plus survoltée, plus scandée, frôlant le rap. Il hurle le dernier « Jamais content » et redonne à l'œuvre sa première intention.

---

22. *Télérama*, 26 septembre 2008.

« ALLÔ MAMAN BOBO »

LE NOUVEAU VISAGE DE LA MASCULINITÉ

À travers une plainte enfantine, Alain Souchon redessine le portrait de l'homme de la fin des années soixante-dix. « Allô maman bobo » donne un coup de vieux au modèle du mâle alpha qui dégouline de testostérone.

« Allô maman bobo » est née d'une chute. Celle d'Alain Souchon. « J'avais eu un petit incident à ski, j'avais eu très peur. Puis mon frère, qui était guide de montagne, m'a rejoint et m'a dit : "Tu sais, quand tu es tombé, tu as crié 'Maman'." J'avais 27 ans, j'étais à trois mille mètres d'altitude et j'ai crié "Maman". Ça n'a pas beaucoup de sens, mais cette espèce d'instinct m'a fasciné et la chanson est venue comme ça. Toute la vie, les hommes sont marqués par ça, par leur mère. Tous les êtres humains, d'ailleurs, et c'est beau qu'instinctivement, d'une manière nerveuse, même à 60 ans, on puisse dire : "Maman, maman." C'est bouleversant.[23] »

23. « Le monde d'Élodie », France Info, 28 décembre 2021.

Cette chute le fragilise. Elle réveille en lui le sentiment de mal-être qui l'habite depuis l'adolescence, à la suite d'une cruelle désillusion : « Je disais que j'étais beau. On me disait que non. Aussi, quand mes copains sont sortis avec des filles et moi non, j'ai fini par l'admettre.[24] »

Souchon prend sa mère à témoin et lui adresse une supplique teintée de reproches : « Allô maman bobo/ Maman, comment tu m'as fait, j'suis pas beau. » Comme tous les petits garçons, il se souvient que les regards que posait sa maman sur lui lorsqu'il était enfant ne trahissaient en rien l'ingratitude de son physique. Pour elle, il était le plus beau.

Confronté à la réalité, Alain Souchon est complexé par son allure de garçon chétif. Par son manque d'assurance et son désœuvrement aussi. Comment s'affirmer dans un monde dominé par la compétition sans se perdre de vue ? Comment trouver sa place dans une société qui n'est pas à votre image ? Autant de questions soulevées dans « Allô maman bobo » : « J'suis mal en homme dur/ Et mal en p'tit cœur/ Peut-être un p'tit peu trop rêveur. »

« C'est difficile de s'aimer, de s'accepter physiquement, intellectuellement. On trouve toujours qu'on a des manques, on aurait dû plus faire ceci, plus travailler. On voudrait être mieux. J'admire tellement les intellectuels qui prennent la parole, des gens comme Edgar Morin.[25] »

Après « J'ai dix ans » et « Bidon », « Allô maman bobo » complète le triptyque « autoportrait » d'Alain Souchon, mettant en exergue une certaine fragilité et, surtout, une incapacité à se fondre dans la masse.

---

24. *Télé 7 Jours*, 1997.
25. « L'invité de Pascal [Nègre] », RFM, 15 novembre 2021.

« Si tu regardes ton nombril et que ton nombril est intéressant, alors tu atteindras l'universel », écrivait Henry Miller. Le fait que ces trois chansons soient inscrites dans la mémoire collective des Français montre à quel point « le nombril » d'Alain Souchon a trouvé des résonances en chacun de nous. Car il possède un atout majeur pour nous prendre dans ses filets : le charme, indéfinissable par essence.

Loin d'un Jacques Brel qui, dans « La Chanson de Jacky », hurle, presque rageur, vouloir « Être une heure, rien qu'une heure durant/ Beau, beau, beau et con à la fois », Alain Souchon, tel un chat qui miaule pour qu'on le caresse, se montre suffisamment vulnérable pour qu'on ait envie de le consoler.

« Allô maman bobo » décrit ce « nouvel homme », auquel la romancière Annick Geille a consacré un essai publié quasi en même temps que la chanson : c'est « celui qui possède une force intérieure et n'a pas besoin de l'exprimer par des muscles ni par cette supériorité qui était naturelle aux hommes ».

S'il ne renie en rien la douceur qui émane de lui, Alain Souchon a vu se dessiner un personnage public à la limite de la caricature : « Le succès d'"Allô maman bobo" m'a tiré vers un personnage un peu féminin, doux, que je suis, mais pas à ce point. Il y avait de l'artifice dans ce gentil garçon en pull mohair bleu ciel. C'était évidemment forcé.[26] »

26. *Télérama*, 27 septembre 2008.

« POULAILLERS' SONG »

LA CACOPHONIE DE LA PENSÉE NAUSÉABONDE

Agacé par son image de chanteur bien propre sur lui, Alain Souchon trempe sa plume dans le vitriol et brosse un portrait acerbe de la bourgeoisie et de sa bien-pensance, nichées dans les beaux quartiers de Paris.

Caché derrière un titre en anglais, l'artiste écrit avec « Poulaillers' Song » une diatribe sur la bourgeoisie. Dans ce nouvel extrait de l'album *Jamais content*, Alain Souchon creuse la veine de l'insolence et de l'impolitiquement correct. « La Souche » ne veut pas qu'on le prenne pour ce qu'il n'est pas, un artiste léger. Si sa silhouette est frêle, son esprit ne l'est pas.

Se glissant dans la peau d'un bourgeois, d'un nanti, Alain Souchon étrille les riches qui alignent avec mépris, dans les dîners en ville, des clichés réactionnaires sur la jeunesse ou sur les immigrés, entre autres. « On peut pas aimer tout

Paris/ N'est-ce pas y'a des endroits la nuit/ Où les peaux qui vous font la peau/ Sont plus bronzées que nos p'tits poulbots. »

« Moi, je rêvais d'avoir un aspect poli, policé, et d'être en même temps insidieusement rebelle. Alliage compliqué, parce que ce mode d'écriture-là est un monde carré, codé. J'ai écrit des choses acides, ou violentes, comme "Poulaillers' Song", qui passaient un peu, mais pas comme je voulais ; le côté gentil l'emportait.[27] »

Souchon avoue s'être lancé dans la chanson grâce à ses trois maîtres : Brassens, Dylan et Ferré. « Ils n'étaient pas contents du monde et ils le disaient. Leur colère me faisait voler [...]. Mes chansons ne sont pas toujours très faciles, mais les gens sont intelligents, peuvent réfléchir. Et puis, leur demander cela, c'est une manière d'être un peu élégant »[28].

Dans « Poulaillers' Song », Alain Souchon dénonce l'arrogance des classes privilégiées regardant les plus pauvres comme des animaux dans un cirque et refusant que les différents mondes se rencontrent et se côtoient. Souchon dénonce la stérilité des propos de ceux qui n'ont jamais franchi le périphérique parisien et qui jugent à l'emporte-pièce la vie des plus démunis. L'entre-soi de cette bourgeoisie bien malpensante, qui caquette et qui glousse, lui est insupportable. Un agacement renforcé par les bruits de poulailler à la fin du morceau.

L'artiste a passé son enfance dans un milieu bourgeois. Même si ses parents n'étaient pas riches, son père étant professeur d'anglais agrégé, ils tenaient à vivre dans les

27. *Télérama*, 29 septembre 1993.

28. Extrait du *Figaro* retranscrit dans *Notes*, le journal de la Sacem-SDRM, mai-juin 1994.

beaux quartiers, en l'occurrence un petit appartement du 16e arrondissement, afin d'assouvir leur soif de culture. Ils souhaitaient un standing adéquat à leur curiosité intellectuelle.

Mais, à l'adolescence, Alain Souchon change de décorum. À la mort brutale de son père, Pierre, il est obligé, faute de moyens, d'aller vivre dans une HLM avec sa mère et son frère Patrick, dans le 15e arrondissement de Paris. Il découvre alors la richesse de la mixité sociale.

Face B du 45 tours « Allô maman bobo », la chanson « Poulaillers' Song » est devenue un titre majeur d'Alain Souchon tant elle dessine le style de l'auteur. « Je trouve que c'est plus fort de dire des choses sous une forme légère, l'air de rien, en cachant son jeu derrière des musiques gaies et entraînantes.[29] »

La musique entraînante est en l'occurrence signée Laurent Voulzy qui adore quand Souchon « balance » et appuie là où ça fait mal, le trouvant excellent dans l'exercice. Dans la version originale de « Poulaillers' Song », Alain Souchon ose même se montrer irrévérencieux en contrefaisant à la fin de la chanson la voix du président de la République alors en place, Valéry Giscard d'Estaing, qui se qualifiait de « libéral avancé », expression que Souchon transforme en « rétrograde avancé » : « Ne croyez pas que je sois borné/ Le genre rétrograde avancé. »

Cette allusion à Giscard, devenue rapidement désuète, disparaît quand Souchon chante le titre sur scène. La chanson, quant à elle, si elle n'est pas visionnaire, montre par son actualité que les mentalités n'ont pas du tout évolué.

---

29. *Alain Souchon, Biographie en musique*, Claude Fléouter, Éditions Michel Lafon, 2015.

En novembre 2015, dans l'émission « Boomerang », sur France Inter, Oxmo Puccino déclame le texte de « Poulaillers' Song » et confie : « Son propos est tellement d'actualité que j'ai l'impression qu'un ami l'a écrit hier. »

« 18 ANS QUE JE T'AI À L'ŒIL »

L'ADOLESCENCE ENDEUILLÉE

Entre secret et drame, les premières années d'Alain Souchon ont été plongées dans la tourmente. Des malheurs qui ont construit l'homme et donné au poète toute sa profondeur.

C'est à Casablanca, au Maroc, qu'Alain Souchon naît le 27 mai 1944. Les sept premières années de sa vie, il porte le patronyme de Kienast, nom de celui qu'il croit être son père. Ce professeur agrégé d'anglais est suisse et donne à Alain Souchon la double nationalité.

La famille rentre à Paris alors qu'il n'a que six mois, faisant de lui un enfant de la pluie. Le petit garçon, qui se sent aimé, entouré de ses frères et sœur, reçoit une éducation bourgeoise et stricte dans une pension suisse. À ses 7 ans, sa mère Madeleine bouleverse son existence en levant le voile sur un secret de famille. Alain n'est pas un Kienast, mais un Souchon, du nom de son vrai père, Pierre Souchon, amant de sa mère et qui deviendra son second mari. Amoureuse, Madeleine change de foyer, entraînant Alain dans son sillage. « J'ai changé de père, j'ai changé de famille, j'ai changé de frères et sœur. Au début, quand on a 7 ans, on se dit "Ah, je vais quitter la vie quotidienne, je vais ailleurs. Ah bon je vais changer de maison ? Cela va être génial !" Mais j'ai beaucoup souffert de ne plus voir mes frères et sœur, du jour au lendemain.[30] »

Le jeune Alain doit désormais appeler « Papa » quelqu'un qu'il ne connaît pas. La situation le trouble d'autant plus que la force des liens du sang ne signifie rien pour un enfant de 7 ans, sans compter que son premier papa était un excellent père qui l'a élevé comme son propre fils. « J'ai donc eu une première famille, puis une autre. Tout le monde a été extrêmement gentil et bienveillant avec moi, mais évidemment, ça m'a déstructuré la tête.[31] »

À l'école, le jeune élève ne parvient pas à se concentrer. Il fait le clown pour évacuer le trop-plein d'émotions. Il fait rire ses copains. Il n'est pas un élève brillant et en souffre car il déçoit ses parents. Pied de nez de la vie : au collège Claude-Bernard, dans le 16e arrondissement, il a même son père comme professeur d'anglais ! Ses deux « papas » sont agrégés d'anglais !

Si l'enseignement du système scolaire ne lui convient pas, Alain Souchon a le privilège de grandir dans une famille cultivée qui s'attache à nourrir son imaginaire. « C'est la grande richesse, la grande chance que j'ai eue. Je n'avais pas de parents riches. J'avais un père qui était professeur, mais c'étaient des gens pour qui les livres étaient

30. « Les années Mireille Dumas : les artistes et la famille », France 3, 26 septembre 2003.

31. *Gala*, 13 octobre 2019.

très importants. La littérature, la poésie, la musique, c'était ça, la richesse.[32] »

Un jour de janvier 1959, de retour de vacances à la neige, la voiture des Souchon est percutée par un camion dont le chauffeur est en état d'ivresse. Pierre Souchon meurt sur le coup. Madeleine et Patrick sont sérieusement blessés. Du haut de ses 14 ans, Alain, lui, s'en sort indemne physiquement. L'adolescent regarde partir les ambulances et se retrouve seul sur le bord de la route. Anéanti et livré à lui-même, il puise en lui les ressources nécessaires pour faire du stop et demander au conducteur de la voiture qui s'arrête de le déposer chez l'un de ses demi-frères aînés, qui vit à côté de Chamonix.

Dès lors, Alain Souchon met comme une barrière protectrice entre lui et la vie. Perdre un père tous les sept ans, c'est une douleur trop grande pour l'adolescent, d'autant que surgissent des sentiments contradictoires dont il se sent coupable. « J'ai eu envie de cacher mes sentiments. Je voulais pleurer tout le temps et, en même temps, je me disais qu'il n'allait plus m'engueuler. C'était monstrueux de penser ça, mais, en contrepartie, je gagnais une liberté.[33] »

Jamais plus Alain Souchon n'aura l'occasion de décevoir ce père qu'il a si peu connu et il en éprouve à son corps défendant un certain soulagement. « À la mort de mon père, le choc était si violent que ça ne m'a rien fait. Comme dans ce livre de Camus, je crois, qui démarre ainsi : “Aujourd'hui, maman est morte.” J'étais en troisième quand il est mort, tout le monde me considérait comme un grand éclopé de guerre, genre “mon pauvre petit”, et, c'est drôle, moi,

32. « Pardonnez-moi », RTS, 2012.
33. *Le Monde*, octobre 2019.

je me disais : “Bof, à la limite, je suis peut-être plus libre maintenant…”[34] »

Cette ambiguïté des sentiments si finement percée à jour par l’écrivain espagnol Javier Marías, notamment dans son roman *Comme les amours* – « Il n’est pas de mort qui ne soulage un peu par certains aspects ou qui ne nous offre un avantage » –, plonge Alain Souchon dans une profonde mélancolie : « J’ai basculé dans la nostalgie de manière maladive. Mon père et moi n’étions pas très proches, c’est pourquoi cette immense cassure continue de m’étonner.[35] »

Alain Souchon confie que, après l’accident, le reste de la famille a fait semblant de vivre. Personne n’osait évoquer le passé, de peur de remuer le chagrin. À la peine s’ajoutent les problèmes financiers. Madeleine, Alain et Patrick doivent quitter l’appartement du 16e arrondissement de Paris pour une HLM dans le 15e où l’ambiance est plus populaire. Pour nourrir ses enfants, sa mère écrit avec succès des romans à l’eau de rose. Alain Souchon, lui, n’a plus le moindre rêve, et celui si fort de posséder un scooter lui semble désormais bien dérisoire, jusqu’à ce que sa grand-mère maternelle vienne vivre avec eux et ouvre en grand les fenêtres de la renaissance.

Cette arrivée providentielle empêche le trio de sombrer. « Grand-mère zizique » n’usurpe pas son surnom. Passionnée de radio, elle écoute Radio Luxembourg toute la journée et fait entrer la chanson populaire dans une maison habituée auparavant à la musique classique. Alain Souchon découvre ainsi l’écriture de Jacques Brel, de Georges Brassens et de Léo Ferré, mais aussi le rock’n’roll avec Johnny Hallyday. L’envie revient. Il achète sa première guitare, et lui, le féru

---

34. *Ibid.*
35. *Alain Souchon. Biographie en musique*, Claude Fléouter, Éditions Michel Lafon, 2015.

de poésie, commence à écrire des chansons. Dans ses failles, Alain Souchon va planter des roses.

Dix-huit ans après la disparition de son père, Alain Souchon, qui, durant toutes ces années, a su tenir la douleur sous couvercle, lui rend hommage dans son troisième album, *Jamais content.* Avec « 18 ans que je t'ai à l'œil », le fils s'adresse directement à son père, qui dort « à Bagneux dans les feuilles », et lui confie à quel point il lui a manqué. Il évoque aussi les lieux qui sont chers à la famille Souchon, tels que Cheverny dans le Loir-et-Cher, « Dans le beau jardin de la Touraine/ Ça me tire par un bout de ma vie/ Mais je dors toujours à Cheverny. »

« J'ai passé ma jeunesse ici, tous mes étés, toutes mes petites vacances de Toussaint. C'est là que j'ai conduit pour la première fois, là que j'ai embrassé pour la première fois une fille sur la bouche »[36], se souvient-il. Il ajoute : « Mes grands-parents avaient une grande maison au milieu des bois. On se régalait d'un gigot, puis je m'échappais dans la forêt. Je grimpais dans les arbres, je construisais des cabanes, je m'inventais une vie d'aventurier. C'était mon refuge.[37] »

À travers « 18 ans que je t'ai à l'œil », Alain Souchon met en exergue la puissance de la nature face à la fragilité de l'homme. Son père n'est plus là, mais les lilas refleurissent toujours à Cheverny. Dans cette déclaration d'amour ultime, il confie à son père qu'il a donné son prénom au premier de ses fils, Pierre, né le 11 octobre 1972 : « Mais aujourd'hui y'a chez moi/ Une petite boule blonde qui s'appelle comme toi. »

En 1978, dans l'album *Toto 30 ans, rien que du malheur…*, le chanteur évoquera une nouvelle fois son père dans

36. *La Nouvelle République*, septembre 2017.
37. *Le Journal du dimanche*, novembre 2021.

« Je n'étais pas là » : « Mon papa qui venait me border/ Moi, déjà, dans mon pays rêvé. »

Au moment du deuil, Alain Souchon s'est inventé un monde plus doux qui lui a sauvé la vie. Une manière d'avouer aussi que le drame d'avoir perdu son père a fait de lui un spectateur du monde, un observateur plutôt qu'un acteur. Il s'aperçoit très vite que celui qui écrit n'est jamais vraiment là…

« L'AMOUR EN FUITE »

DANS LA PEAU D'ANTOINE DOINEL

À la demande de François Truffaut, Alain Souchon met un pied dans le septième art en écrivant la chanson du générique du cinquième volet des aventures d'Antoine Doinel, *L'Amour en fuite*, sorti en 1979.

« Excusez-moi, madame, est-ce que vous auriez le dernier disque d'Alain Souchon ?

– Ah vous avez de la chance, je viens juste d'être livrée. Il s'appelle "L'Amour en fuite". »

Ainsi se termine le film de François Truffaut avant que ne résonne sur grand écran la chanson écrite par Alain Souchon et composée par Laurent Voulzy. « J'ai été très heureux de la chanson d'Alain Souchon pour *L'Amour en fuite*. Le film est une lettre, sa chanson est l'enveloppe de la lettre, elle l'encadre. Doinel a toujours cherché une famille, il est heureux de jouer le pique-assiette chez Souchon », confiait le célèbre réalisateur qui n'a pas hésité à guider Souchon dans l'écriture de la chanson, comme en témoignent deux lettres – parmi d'autres – envoyées au chanteur.

La première est datée du 10 juillet 1978 sur un papier à en-tête des Films du Carrosse.

« Cher Alain,

Voici le dialogue de quelques scènes du film, concernant principalement J.-P. Léaud et Dorothée, et aussi J.-P. Léaud et Monsieur Lucien. Et puis, surtout, la scène finale et le deuxième monologue concernant la photo déchirée [...]. Je suis certain que vous êtes en train de faire une belle chanson (« Ça coule sur ta joue » est très bien). Le personnage d'Antoine Doinel est toujours en train de courir, toujours en retard, un jeune homme pressé, sa fuite est à prendre dans tous les sens : fuite du temps présent, toujours projeté dans le futur, toujours anxieux (jamais content !), jamais tranquille, et aussi l'amour qui fuit (ça coule sur ta joue), et aussi la fuite en train ; on peut essayer de fuir, ils vous suivent et poursuivent, etc. Il y a la fuite du dessinateur... la perspective... fuite... Est-ce que les femmes sont magiques ?

Antoine devrait s'arrêter... de fuir... profiter du moment présent... ne plus régler ses comptes avec sa mère à travers chaque fille qu'il rencontre...

Tant pis pour moi, pour vous et pour nous si je vous embrouille avec tous ces délires... Anyway, I trust you,

Amitié,

François »[38].

La deuxième est datée du 19 septembre 1978.

« Mon cher Alain,

J'espère que je ne vous ai pas blessé avec ma réserve sur le mot "hirondelles". En réalité, cela vient de ma réticence à

38. Cinémathèque française, succession François Truffaut.

l'égard de Walt Disney qui a tant abusé de la comparaison entre hommes et animaux. À part cela, je me rends bien compte qu'en vous demandant de changer deux rimes à votre chanson, je me comporte comme la femme du monde qui reprochait à Van Gogh d'avoir peint un zouave. En conséquence, "j'achète" votre hirondelle, sans regret et de bon cœur.

[…] Je pars pour New York, d'où je rentrerai début octobre. N'attendons pas l'hiver pour dîner ensemble.

Amitiés,

François »[39].

Et effectivement, le mot « hirondelles » figure bien dans la chanson : « J'ai dormi, un enfant est venu dans la dentelle/ Partir, revenir, bouger, c'est l'jeu des hirondelles. »

« L'Amour en fuite » n'est pas la première chanson que Souchon offre au cinéma. L'année précédente, il avait écrit les paroles de « J'te vois plus » sur une musique de Mort Shuman et interprété la chanson dans la bande originale du film culte *L'Hôtel de la plage* de Michel Lang.

Souchon réitère ensuite l'exercice pour des réalisateurs différents. Il écrit « Le Maître d'école » pour le film du même titre signé Claude Berri, en 1981. La chanson figure en face B du 45 tours « Somerset Maugham ».

Pour Jacques Doillon, ce sera « Comédie », comme le titre du film sorti en 1987, Souchon partageant un duo avec Jane Birkin. Le morceau se retrouve sur l'album *Ultra moderne solitude* (1988).

En 1992, il écrit « Le Zèbre », qui sera utilisée dans le film éponyme réalisé par Jean Poiret et adapté du roman d'Alexandre Jardin. La chanson figure sur l'album *C'est déjà ça*.

---

39. *Ibid.*

Toujours en 1992, il se fait compositeur pour le film de Mehdi Charef *Au pays des Juliets*.

En 2011, Alain Souchon interprète la chanson « Les filles, à quoi ça sert ? », écrite par Zep et composée par Jean-Jacques Goldman, qu'il chante aux côtés de ce dernier, mais aussi de Bénabar et Francis Cabrel. La chanson est extraite de la bande originale de *Titeuf, le film*.

En 2016, il écrit, compose et chante « Ouvert la nuit », la chanson phare du film du même nom signé Édouard Baer, ravi de collaborer avec le chanteur : « J'ai montré mon film à Alain Souchon, il m'a dit oui, c'était bon signe et, par une sorte de grâce qui n'appartient qu'à lui, alors qu'on s'en était très peu parlé, il a mis tout ce que j'aurais aimé entendre sur les personnages, sur l'atmosphère, avec cette poésie si particulière qui le caractérise. Et le voir travailler avec ses fils Charles et Pierre Souchon sur les arrangements de cette musique quasi gitane, comme mon personnage Luigi, a achevé de m'enthousiasmer, de me rendre heureux.[40] » À son tour, Alain Souchon confie : « J'aime beaucoup Édouard Baer, et j'aime faire des chansons de films. J'en ai déjà écrit pour Claude Berri et François Truffaut. Ici, je chante "On s'aime, mais on s'aime pas". C'est un film, et donc une chanson, sur l'imprécision de vivre, de prendre des décisions.[41] » La chanson « Ouvert la nuit » conclut l'album *Âme fifties* (2019).

Mais l'histoire de Souchon avec le cinéma ne se cantonne pas aux bandes originales de films. En 1980, Claude Berri est le premier à déceler en lui un potentiel d'acteur. Il lui confie le rôle de Claude, libraire, dans *Je vous aime*. Alain Souchon partage l'affiche avec Catherine Deneuve, Gérard Depardieu,

40. AlloCiné, 2016.
41. *La Voix du Nord*, 18 octobre 2019.

Serge Gainsbourg et Jean-Louis Trintignant. Sa performance est louée au point de lui valoir une nomination pour le César du meilleur acteur dans un second rôle, en 1981, remporté finalement par Jacques Dufilho pour *Un mauvais fils* de Claude Sautet.

Cette première expérience inspire à Alain Souchon la chanson « Manivelle », une parabole sur le temps qui passe plus vite que sur pellicule et sur l'absurdité de la vie, parue en 1980 sur l'album *Rame* : « C'est pas un film/ Y'a même pas de bobine/ C'est ma vraie vie qui se débine/ J'voulais pas venir/ Y'a pas d'histoire/ Y'a des cheveux plein ma baignoire. »

Les films s'enchaînent. En 1982, Alain Souchon apparaît dans *Tout feu, tout flamme* de Jean-Paul Rappeneau avec Yves Montand et Isabelle Adjani sur une musique de Michel Berger ! En 1983, il retrouve Adjani dans *L'Été meurtrier* de Jean Becker. De nouveau, sa performance époustouflante lui vaut une nomination, mais pour le César du meilleur acteur cette fois, en 1984. Même si ce dernier est attribué à Coluche pour *Tchao Pantin*, Alain Souchon fait une entrée sans faute dans le septième art en seulement trois films.

En 1984, il tourne *Le Vol du Sphinx* de Laurent Ferrier avec Miou-Miou ; en 1985, *L'Homme aux yeux d'argent* de Pierre Granier-Deferre, dans lequel il retrouve Jean-Louis Trintignant ; en 1987, *Comédie !* de Jacques Doillon, où il joue son propre rôle aux côtés de Jane Birkin ; et, en 1989, *La Fête des pères* de Joy Fleury, partageant l'affiche avec Thierry Lhermitte.

En 1991, on peut voir Alain Souchon dans *Pour Ushari Ahmed Mahmoud* de Claire Denis, que l'on retrouve dans *Contre l'oubli*, une compilation de courts métrages réalisés pour Amnesty International avec un thème commun : les prisonniers politiques. En 1998, Souchon joue dans *Charité biz'ness* de Thierry Barthes, avec Smaïn et Élie Semoun, ou encore en… 2019 dans *Je ne sais pas si c'est tout le monde*, film-documentaire de Vincent Delerm dans lequel acteurs, chanteurs et personnes anonymes s'expriment sur le thème du temps qui passe : grandir, vieillir, aimer, désirer…

Mais le véritable dernier film d'Alain Souchon en tant qu'acteur incarnant un rôle date de l'an 2000. Il s'agit de *Sans plomb* de son amie Muriel Teodori, dans lequel il joue aux côtés d'Emma de Caunes. Il avait déjà tourné deux courts métrages avec cette réalisatrice : *La Princesse sur un autre pois*, en 1989, et *Eux, vous, nous*, en 1991.

Alain Souchon tire finalement sa révérence au septième art sans regret : « Je n'étais pas fait pour ça. Dans la mesure où j'avais le choix entre être auteur-compositeur-chanteur ou bien acteur, on ne peut pas faire les deux. Si je fais une chanson et que vous me dites "J'adore votre chanson", ça me fait quelque chose […]. Si vous me dites "T'étais bien dans *L'Été meurtrier*", je me dis "Oui, mais… ce n'est pas moi." On me disait "Mets-toi là ! Dis ça !" Je le faisais visiblement convenablement, mais ce n'est pas pareil. C'est extraordinaire de voir les grands acteurs, Gérard Depardieu, Isabelle Adjani ou des gens qui sont habités par leur rôle. Moi, je n'étais pas du tout habité par mes rôles. Ce n'était pas très intéressant pour moi »[42].

42. « On refait la télé », RTL, 26 février 2022.

« FRENCHY BÉBÉ BLUES »

LA DÉCLARATION

Avec « Frenchy bébé blues », Alain Souchon s'aventure dans un domaine sensible et plutôt inconnu pour lui : la chanson d'amour. Une déclaration tout en délicatesse à celle sans qui il n'aurait probablement jamais connu le feu des projecteurs : son épouse, Françoise.

« Jamais je ne dis "Je t'aime" dans mes chansons.[43] » Hurler ces mots ou simplement les murmurer dans un micro est impensable pour Alain Souchon qui n'est vraiment pas un adepte des chansons d'amour, surtout si ces dernières sont très premier degré. S'il chante à maintes reprises les filles qui tourmentent le cœur des garçons, le chanteur reste farouchement secret sur sa vie privée, et en particulier sur la femme qu'il a rencontrée en 1969 et épousée en novembre 1971 : Françoise.

---

43. « Star sans stress », France Inter, 21 septembre 1984.

Avec l'arrivée de la « nouvelle chanson française », même si Souchon a souvent réfuté ce terme, est apparue une autre manière d'être artiste. Exit les costumes de scène et les photos en amoureux posées ou volées dans les pages glacées des magazines. L'œuvre se suffit à elle-même. Nul besoin de vendre sa vie amoureuse pour conquérir le public.

À travers « Frenchy bébé blues », Alain Souchon rend hommage pour la première fois à la femme de sa vie, mais sans s'adresser directement à elle. Pudeur extrême, il parle d'elle à la troisième personne – « Un frenchy bébé blues pour dire que j'aime bien cette fille » – et se prend lui-même à témoin en se donnant du « tu ».

Écrire « cette fille » pour évoquer son épouse pourrait paraître cavalier, mais dans la voix douce de Souchon, ce n'est que tendresse. « Je lui ai dit des bêtises, des trucs qui l'ont amusée ! Elle a trouvé que c'était drôle et elle m'a revu le lendemain. C'est ça qu'elles veulent, les filles : qu'on les amuse ! J'ai eu de la chance parce qu'elle est très jolie et très intelligente…[44] »

La jeune femme a été la première à croire en Souchon, à être séduite par sa plume. « Ma femme m'a beaucoup aidé parce que c'est une intellectuelle, une fille qui a fait des études supérieures de biologie, alors que je n'avais pas le bac. Or, voir que je lui plaisais, alors que j'étais comme un va-nu-pieds, ça m'a donné du courage ![45] »

Au début de leur mariage, fraîchement diplômée, elle subvient aux besoins du foyer, permettant ainsi à Alain Souchon d'avoir l'esprit libre pour écrire et composer ses premières chansons. Son épouse l'encourage et le rassure,

44. *L'Express,* mars 1999.
45. *Version Femina*, février 2019.

lui qui est d'un naturel inquiet. Pour elle, il a envie de se surpasser, de devenir, si ce n'est un chanteur célèbre, du moins un auteur-compositeur reconnu. Et, à peine deux ans après leur mariage, Alain Souchon y parvient.

En trois albums, il écrit des tubes qui font partie du patrimoine musical français : « J'ai dix ans », « Bidon », « Y'a d'la rumba dans l'air », « Jamais content », « Allô maman bobo », sans oublier, en 1977, les paroles du fameux « Rockollection » composé et chanté par Laurent Voulzy.

« Tu sais, ma vie a tellement changé », chante-t-il encore dans « Frenchy bébé blues » comme s'il était partagé entre l'incrédulité d'avoir réussi, en à peine cinq ans, à se faire une place de choix dans la chanson française et la crainte d'être emporté dans un tourbillon qu'il ne maîtrise pas.

Dans « Frenchy bébé blues », il évoque toutes les tentations offertes par son nouveau statut de chanteur célèbre, tous ces sourires de filles à la fin des concerts offerts comme autant de bouquets de fleurs sur la scène. Il sait bien que, s'il succombait à « une caresse bien faite », il le regretterait. Car Françoise possède un avantage sur toutes les autres : elle l'a aimé quand il était peintre en bâtiment !

Dans cette chanson, Alain Souchon loue également la compréhension de sa femme qui, lorsqu'il est en tournée, doit gérer la maison toute seule et veiller sur leur fils, qui va bientôt avoir un petit frère, Charles : « Qui c'est qui lit à Pierre *Le P'tit Prince*/ Pendant que tu fais le jeune homme en province ? » Elle accepte de rester dans l'ombre alors qu'il prend toute la lumière.

« Frenchy bébé blues » est la première chanson écrite sur le premier piano que s'est offert Souchon grâce à ses premiers droits d'auteur : « J'ai changé d'appartement, j'ai pris un appartement plus grand, il y avait quatre pièces au lieu de deux, et, tout de suite, je me suis acheté un piano, j'étais enthousiasmé d'avoir un piano, je me disais "C'est un peu une réussite dans la vie d'avoir un piano chez soi, c'est un peu la folie, c'est vrai…" Et sur ce piano, j'ai fait *do*, *fa*, *sol*… et j'ai écrit cette chanson.[46] »

Après l'intranquillité de son enfance, il connaît la joie d'un bonheur paisible avec Françoise, la houle ayant laissé place à la mer d'huile. Son souhait de 1978 s'est réalisé, lui qui voulait que cette histoire « dure encore un peu/ Jusqu'à ce que je devienne mort ou bien vieux ». En 2021, les Souchon ont célébré leurs noces d'or…

---

46. « Alcaline le Concert », France 2, 8 novembre 2014.

« PAPA MAMBO »

ON EST FOUTU, ON MANGE TROP !

En chroniqueur des travers de notre société, Alain Souchon s'attaque au rapport malsain que l'homme entretient avec la nourriture, ne mangeant plus pour se nourrir mais pour se gaver afin de remplir un vide habité par des névroses.

Un an après « Y'a d'la rumba dans l'air », Alain Souchon retrouve avec « Papa Mambo » la chaleur des rythmes cubains signés une fois encore Laurent Voulzy. Dans un texte satirique, Souchon met l'accent sur l'abondance alimentaire et les pièges de la société de consommation, qui finissent par emprisonner l'homme. Les étals sont remplis d'aliments nouveaux et néfastes qui flattent le palais, créant des addictions en cascade. Les premiers fast-foods, qui ont vu le jour en région parisienne en 1972, ne cessent de faire des émules.

« On est foutu, on mange trop » chante l'artiste qui, tel un précurseur, annonce la prolifération de l'obésité et ses répercussions sur la santé. « Mais qu'est-ce qu'on fera quand on sera gros ? » Il ironise également sur le laisser-aller des hommes et des femmes qui, en vieillissant, ne soignent plus leur apparence. Il raille leur mauvaise hygiène de vie. « Nous v'là beaux, nous v'là jolis/ Ankylosés soumis sous les kilos d'calories. » Pour souligner ce trop-plein, l'auteur s'amuse, non sans gourmandise, avec les sonorités. Ainsi, la succession des *p* et des *t* donne l'impression d'avoir la bouche pleine – « Tout empâtés patauds par les pâtés les gâteaux » –, une sensation amplifiée par la rapidité de la diction.

Souchon a du mal à accepter la déchéance physique qui transforme l'homme en Bibendum, mascotte des pneumatiques Michelin à la silhouette pour le moins gironde. L'homme n'a plus fière allure. « Le chanteur a débordé d'son jean. » Se profile alors l'ombre d'Elvis Presley, en proie à une obésité morbide à la fin de sa vie, disparu deux ans plus tôt.

La chanson « Papa Mambo » a également été inspirée à Alain Souchon par un souvenir d'enfance. Il garde encore en mémoire les repas familiaux interminables dans le Loir-et-Cher, les grandes tablées avec les plats qui défilaient sans fin et procuraient au petit garçon qu'il était, vite rassasié, un sentiment d'écœurement. L'excès de nourriture, de tabac et d'alcool, le temps d'un repas qui s'étale sur trois heures, lui donnait l'impression que chaque convive s'empoisonnait à petit feu. Il n'aimait pas cet aspect-là de la bourgeoisie, qui, à sa décharge, pouvait enfin profiter de la bonne chère après avoir été privée de nourriture durant la Seconde Guerre mondiale, pas si lointaine.

Mais « Papa Mambo » cache une souffrance plus grande encore chez le chanteur. « Moi, j'ai vécu le martyre des maigres toute ma jeunesse, parce que les filles, quand on a 16 ans, qu'on est tout maigre, cela ne leur plaisait pas, c'était pas la mode à mon époque, fallait être un minimum baraqué. Je me suis même vu mettre deux pantalons l'un sur l'autre pour essayer d'être moins maigre, mettre trois pull-overs… Si, si, j'ai fait ça ! L'enfer du maigre…[47] »

À travers « Papa Mambo », Alain Souchon prend une certaine revanche sur les moqueurs en affichant à l'âge adulte une allure svelte.

Mais si la mélodie se fredonne avec légèreté, le propos est grave. L'obésité et la malbouffe sont des thèmes rares en chanson. C'est là la force de Souchon, savoir poétiser l'air du temps, n'hésitant pas à faire référence à un poète qui a bercé sa jeunesse, Charles Baudelaire, pour créer une image choc : « L'albatros patauge dans l'ice cream. »

47. « Nuits magnétiques », France Inter, 13 avril 1981.

« LE BAGAD DE LANN-BIHOUÉ »

LES ILLUSIONS PERDUES

L'album *Toto 30 ans, rien que du malheur…* s'ouvre sur « Le Bagad de Lann-Bihoué », dans laquelle Alain Souchon offre une notoriété inattendue à l'ensemble musical breton.

« La vie est une grande désillusion », écrivait Oscar Wilde. Cette pensée aurait pu servir de titre à cette chanson de Souchon, tant l'artiste est décontenancé par les hommes qui renoncent à leurs rêves d'enfant. Il cherche à comprendre l'instant de basculement qui transforme celui qui s'imaginait pilote d'avion, par exemple, en employé de bureau, prisonnier d'une administration.

« Ton corps enfermé, costume crétin » : Alain Souchon décrit la situation en trois mots, heureux de sa formule. « Je suis surpris, ça m'excite », jubile-t-il en précisant : « Ce n'est pas une chanson régionale, c'est une chanson qui dit que l'on est un peu déçu de la vie quand on devient grand par rapport à ce que l'on imaginait quand on était petit. Ça traduit une espèce de déception.[48] »

Pour écrire « Le Bagad de Lann-Bihoué », Alain Souchon puise dans ses souvenirs d'enfance. Il revoit le petit garçon qui passait ses vacances en Bretagne et qui assistait en famille en bord de mer au défilé des bagadoù, ces ensembles musicaux qui ont pour vocation de perpétuer la musique bretonne. Sa préférence se portait sur le bagad de Lann-Bihoué car il ressentait quelque chose « de puissant, de lyrique » à son passage. « Un jour, j'ai vu le bagad de Lann-Bihoué, le bagad de l'armée qui entretient la musique armoricaine, et j'ai trouvé cela magnifique. Ces uniformes, ces gens, cette musique avec des sons qui sont violents – parce que c'est violent quand il y a cinq, six bombardes qui jouent en même temps, ça y va ! – et en même temps beaux.[49] »

C'est donc ce bagad qu'il choisit pour traduire le désappointement d'un homme qui rêve de sonner en son sein et qui, finalement, reste un spectateur parmi tant d'autres. « Soufflant tonnerre dans du roseau/ C'est pas toi qui y es/ Dans le bagad de Lann-Bihoué. »

La magnificence de la musique renforce le propos désabusé de Souchon. Celle-ci est signée Laurent Voulzy, très inspiré par les sonorités celtiques puisqu'il passait lui aussi ses vacances en Bretagne quand il était petit.

Pour l'enregistrement de la chanson, il a été impossible de faire venir le bagad de Lann-Bihoué en studio. « Pour les cornemuses, on a fait appel à un professionnel. Le sonneur est arrivé, mais comme il avait des problèmes de souffle, il est venu avec un souffleur ! Lui jouait les notes et l'autre

48. « Actualités de 13 heures », France Inter, 2 janvier 1979.
49. France 3 Bretagne, 11 juin 2020.

soufflait. C'était énorme », se souvient Laurent Voulzy, qui a enregistré la prestation sur plusieurs pistes pour donner l'illusion d'une puissance musicale[50].

Le 24 décembre 1978, Alain Souchon interprète sa chanson pour la première fois à la télévision dans « Les Rendez-vous du dimanche », une émission présentée par Michel Drucker. Et c'est grâce au célèbre présentateur que le chanteur rencontre enfin, en 1989, dans « Champs-Élysées », les musiciens du bagad de Lann-Bihoué, projetés sous les feux de la rampe.

En 2006 et en 2012, l'artiste a la chance de se produire avec les musiciens de l'Aéronavale sur la grande scène du Festival interceltique de Lorient. « J'ai l'habitude de la chanter avec des instruments synthétiques, mais là, avec du vrai son, les bombardes qui sonnent… Là, c'est exaltant ![51] »

Toujours en 2012, Alain Souchon participe, à la demande du penn-soner – le chef d'orchestre des sonneurs –, à l'enregistrement de *Degemer mat. Bienvenue*, le disque célébrant les soixante ans du bagad. Accompagné par la gaïta – cornemuse ayant un seul bourdon – du Galicien Carlos Núñez et par le bagad de Lann-Bihoué, il livre une version plus authentique de la chanson.

En 1999, le groupe originaire de Lorient, Soldat Louis, enregistre celle-ci sur son album, *Bienvenue à bord,* imité en 2010 par Nolwenn Leroy, qui la reprend sur l'opus *Bretonne*, consacré à la musique bretonne et celtique.

Enfin, en 2017, Boulevard des Airs, accompagné par le bagad de Lann-Bihoué, en livre une reprise personnelle qui figure sur le disque *Breizh eo ma bro !* (La Bretagne est mon pays !)

---

50. *Le Télégramme*, 9 août 2014.
51. INA, 10 août 2022.

« LE DÉGOÛT »

LES AFFRES DE LA MÉLANCOLIE

Avec « Le Dégoût », chanson extraite de son quatrième album, *Toto 30 ans, rien que du malheur…*, Alain Souchon dévoile sa vraie nature.

« Quand vous êtes très sérieux, comme en chantant “Le Dégoût”, vous vous mettez à ressembler à Jean Cocteau », écrit François Truffaut, le 19 septembre 1978, à Alain Souchon après être allé l'applaudir à l'Olympia.

« Sérieux » : le mot est lancé. Dans « Le Dégoût », le propos de Souchon se fait plus grave. Il dévoile la mélancolie chronique qui l'habite depuis l'enfance. Incapable d'insouciance, aussi effrayé par l'échec que par la réussite, il avoue une tendance à la déprime, à l'intranquillité.

« Le Dégoût » est un flash-back. L'artiste rembobine le film de sa vie et, d'aussi loin qu'il se souvienne, il est en proie à des haut-le-cœur : « C'était l'dégoût/ L'dégoût quoi, j'sais pas, mais l'dégoût/ Tout petit déjà, c'est fou/ Comme tout me foutait l'dégoût. »

L'un des premiers artistes à avoir perçu cette face sombre chez Alain Souchon est Daniel Balavoine : « Ce qui m'étonne dans le succès de Souchon, c'est que personne ne s'aperçoit que c'est certainement le chanteur le plus dangereux aujourd'hui. Bien sûr, on ne passe pas "Le Dégoût", qui est une très grande chanson, à la radio à 8 heures du matin : c'est trop terrifiant pour être entendu à l'heure où les gens en partance pour l'usine sont un peu désespérés. La peur est une forme de censure...[52] »

Souchon acquiesce : « J'ai la voix douce, alors on ne s'en méfie pas... Balavoine m'avait parlé un jour de ma "dangereuse douceur". Ça me plaît bien, ça.[53] »

« Le Dégoût » permet aussi à l'auteur d'affiner son style en faisant fi des règles de construction grammaticale et de versification. Alain Souchon a une manière singulière de couper les vers pour donner du rythme à son écriture.

Son ambition est de glisser sa poésie sur la musique de Laurent Voulzy, sans l'alourdir ni la ralentir. Pour ce faire, il n'hésite pas à n'utiliser qu'un seul mot en guise de phrase. Un procédé qui renforce l'image créée : « P'tit enfant pas bonne mine/ Qui riait pleurait cuisine. »

L'album *Toto 30 ans, rien que du malheur...*, dont est extraite « Le Dégoût », marque ainsi un tournant dans l'écriture de Souchon. « Dans mes premiers disques, j'étais obligé d'employer un langage enfantin. C'était nouveau, inventif, marrant, personne n'avait fait ça. "J'ai dix ans", "Allô maman bobo", "Jamais content" sont des titres où je dis beaucoup "na na na na"... Quand j'ai vu que cela devenait un système, je me suis arrêté. Si j'avais continué, je serais passé pour le grand crétin. Or, j'ai toujours voulu éviter ça... Donc, j'ai

52. *Alain Souchon, Paroles d'auteur*, Richard Cannavo, éditions Le Club des Stars-Seghers, 1987.
53. *Télérama*, 29 septembre 1993.

écrit “Le Dégoût”, “Le Bagad de Lann-Bihoué”, des trucs plus durs, plus rudes. Là, il fallait que ça chie ! C’était mon côté Rolling Stones ; eux, ils envoyaient, ils avaient une énergie folle.[54] »

On y revient : Souchon est trahi par sa voix trop douce qui peine à traduire son tumulte intérieur. « J’avais le sentiment de posséder un petit don pour faire des chansons, d’avoir aussi le goût pour agencer des notes et des mots, mais je ne me voyais pas “chanteur-chanteur”. Après, donc, j’ai essayé d’écrire des morceaux plus rudes, comme “Le Dégoût” ou “Tu vois pas qu’on s’aime pas ?” Je voulais un peu casser cette image de garçon doux et gentil, qui porte un pull-over en mohair bleu ciel et que les femmes ont envie de prendre dans leurs bras.[55] »

Non sans rappeler *La Nausée* de Sartre, Alain Souchon partage dans « Le Dégoût » sa vision critique d’un monde qui court à sa perte et dans lequel il peine à trouver sa place. Souchon a une aversion pour les vies tracées d’avance. Il ne se sent bien qu’hors du cadre.

Le lien qui le rattache à cette société bancale reste indéniablement la musique. Dans la chanson, il rend hommage à sa grand-mère maternelle – « Adieu ma grand-mère zizique » – qui lui a notamment fait découvrir Brel, Brassens et Ferré, trois artistes qui racontaient des histoires et qui ont donné à Alain Souchon l’envie d’en inventer à son tour…

---

54. *Paris Match*, 1er décembre 2011.
55. *Paris Match*, 8 septembre 2005.

« RAME »

UN COUP D'ÉPÉE DANS L'EAU

Naviguant entre la trentaine et la quarantaine, Alain Souchon a l'impression de boire la tasse. En proie au doute et au blues, il écrit avec « Rame » une allégorie de la vie.

Le chanteur est exténué. Entre 1974 et 1978, il a publié quatre albums : *J'ai dix ans*, *Bidon*, *Jamais content* et *Toto 30 ans, rien que du malheur…* Une angoisse l'étreint. Il craint que son inspiration ne se soit asséchée. Il éprouve un grand besoin de souffler : « Le succès brouille. Moi, ça m'empêche de faire des chansons, c'est pour ça que je mets du temps après en avoir fini avec toute cette agitation de pacotille. Il faut que je m'ennuie pour retrouver l'envie de refaire des chansons, pour retrouver l'excitation.[56] »

Pour ce faire, direction la campagne tourangelle qui lui sert de refuge depuis l'enfance. L'envie lui prend de voguer sur la Loire avec l'un de ses frères, afin de se laisser bercer par la douceur des paysages. Mais, calé dans son

56. *Chorus*, été 2002.

embarcation, Alain Souchon attrape une sévère insolation. Et c'est l'esprit cotonneux qu'il trouve la trame de « Rame ».

Le titre est à l'image de l'album auquel il donne son nom : foncièrement pessimiste. Le jeu de mots de l'entame de la chanson – « Pagaie, pas gai » – donne le ton. L'artiste met l'accent sur le côté dérisoire de la vie. Il est désabusé d'évoluer dans une société qui broie l'homme. La fuite est vaine car l'être humain est bien trop docile pour échapper à son destin : « Là-haut/ On t'mène en bateau/ Tu n'pourras jamais tout quitter, t'en aller/ Tais-toi et rame. »

Souchon s'amuse avec la sonorité des mots, ce qui accentue l'incapacité du rameur à prendre sa vie en main. Ce dernier se laisse porter sur les flots jusqu'à l'issue fatale, de manière aussi irrémédiable que le fleuve finit sa course dans la mer. Trop peu se jettent à l'eau, se mouillent et osent vivre comme ils l'entendent. Trop peu cherchent une échappatoire en mettant un pied sur la rive.

La succession des noms de villes – « Chaumont, Langeais/ À peine Amboise » – sises au bord de la Loire, semble accélérer la course du rameur qui ne tente rien pour arrêter la machine qui le pulvérise. La description du paysage donne l'impression à l'auditeur d'être monté à bord du canoë, comme si Souchon signifiait que l'on est tous dans la même galère.

Comme elle a coutume de le faire, la musique de Laurent Voulzy allège le propos, avec notamment un final en canon vocal qui permet au public, lors des concerts, de reprendre le refrain en chœur pendant de longues minutes. Pour le plus grand plaisir d'Alain Souchon…

« ON S'AIME PAS »

AIMEZ-VOUS LES UNS LES AUTRES !

Extrait de l'album *Rame*, le titre « On s'aime pas » témoigne du spleen qui habite Alain Souchon au début des années quatre-vingt. Un cri désespéré qui fait écho à la chanson de Raymond Lévesque, « Quand les hommes vivront d'amour », écrite en 1956, au moment de la guerre d'Algérie.

Si la chanson « On s'aime pas » ne figure pas parmi les plus grands succès d'Alain Souchon, elle s'inscrit parmi celles qui lui ressemblent le plus. L'artiste range son costume de chanteur romantique pour se montrer fort virulent envers le genre humain, qu'il accuse d'être incapable d'aimer. Il fustige les faux-semblants qui gangrènent chacune de nos relations. Son constat est d'une noirceur désarmante. Pour Souchon, la profondeur des sentiments n'est qu'illusion. « Tu vois pas qu'on s'aime pas », scande-t-il avec véhémence.

Au fil du texte, il décline quatre situations pour argumenter son propos. D'après lui, les rapports sociaux et amoureux sont construits autour d'une seule crainte, celle de la solitude. On vit à deux « pour pas tout seul dormir », on s'entoure socialement, mais finalement « t'es là pour personne/ Et c'est tout le monde pareil ».

Cette incapacité à aimer son prochain de manière désintéressée empêche l'être humain de faire preuve d'empathie. Au lieu d'aider l'autre, il le rejette par peur de l'inconnu. « Si c'est à tout le monde chez nous/ C'est du sale mélange/ Et ça nous dérange/ Attention aux autres… »

Tous ces comportements déficients conduisent à des conflits incessants : « Pan ! Pan ! Pan !/ Y'a la guerre tout l'temps/ On fait le civil/ Puis on s'envoie les missiles. »

S'il sort des sentiers battus en matière de thème, Souchon conserve le langage qui a fait son succès pour décrire sa révolte. Il n'hésite pas à user d'onomatopées – « Pan ! Pan ! Pan ! » – ni à puiser dans un vocabulaire enfantin : « Cra cra », « Zoom zoom ». Des mots légers qui interpellent et pourraient sembler incongrus dans un texte quasi politique. Pourtant, ils renforcent sa colère. Près d'un demi-siècle plus tard, la chanson n'a pas pris une ride. On se déteste toujours autant !

Sur scène, à l'instar de « Jamais content », Alain Souchon interprète « On s'aime pas » avec hargne et conviction, dans une attitude aussi rock que la musique composée par Laurent Voulzy. « Je ne suis pas considéré comme quelqu'un de très rock, je passe toujours pour quelqu'un qui fait plutôt des chansons douces. Et c'est vrai que j'aime bien ça. Mais, quelquefois, j'ai besoin de parler d'autres choses. "On s'aime pas", c'est un petit peu plus violent et les gens n'ont pas l'habitude. C'est ce que j'aime bien dans le spectacle. Les gens y découvrent des choses neuves qu'ils ne soupçonnent pas nécessairement. C'est pour ça également que je raconte des histoires.[57] »

57. *Le Soir*, 14 novembre 1990.

« SOMERSET MAUGHAM »

SOUCHON, AGENT LITTÉRAIRE

À l'instar des aquarelles de Marie Laurencin rendues célèbres grâce à « L'Été indien » de Joe Dassin, les nouvelles pour dames de Somerset Maugham doivent leur succès en France à Alain Souchon.

Dès la création de leur duo, Alain Souchon et Laurent Voulzy ont pris l'habitude de louer une maison afin de travailler tranquillement tous les deux loin du tumulte parisien et de leur vie de famille respective. C'est ainsi qu'au début de l'année 1981 ils jettent leur dévolu sur la Côte d'Azur et posent leurs valises à Antibes.

Comme souvent, l'écriture d'une chanson part d'une conversation à bâtons rompus. Laurent Voulzy raconte à Alain Souchon qu'il regarde en ce moment à la télévision une série consacrée à William Somerset Maugham, romancier britannique, nouvelliste, dramaturge, docteur en médecine et… espion ! Alain Souchon n'a pas vu la série mais confie avoir lu certaines nouvelles de l'auteur lorsqu'il était plus jeune. Chez Somerset Maugham, Alain Souchon apprécie l'anticonformisme et l'art de raconter des histoires au point qu'il fut surnommé le « Maupassant anglais ».

Depuis l'enfance, la littérature est sa plus fidèle amie. « Mes parents sortaient tous les soirs, et on me laissait le soir dans un appartement avec une dame qui me gardait. Il y avait une énorme bibliothèque à la maison. Je me souviens des livres comme *Les Lettres de mon moulin* d'Alphonse Daudet, que j'ai lu assez tôt, évidemment *Robinson Crusoé*, des bouquins qui m'ont beaucoup marqué.[58] »

Souchon et Voulzy tiennent le thème de leur chanson. Ils décident de rendre ainsi hommage à l'un des auteurs les plus populaires de sa génération en Angleterre. Parmi les écrits de Somerset Maugham figure une nouvelle intitulée « Les Trois Grosses Dames d'Antibes » ! Il semblerait que le mot « dames » dans la chanson fasse référence à cette œuvre littéraire. Car contrairement à ce que l'on pourrait penser, les nouvelles de Somerset Maugham ne sont pas des bluettes, l'écrivain donnant plutôt dans l'humour caustique.

« On a fait la chanson dans la foulée. Franchement, on a mis deux heures ! Tout de suite m'est venu "Comme dans ces nouvelles pour dames/ De Somerset Maugham". Son air était charmant. Ce n'est pas un air habituel à Laurent, cette espèce de mélodie voluptueuse. Ce n'était pas son genre. Cela nous a plu. On était contents, on a fini la chanson le soir même. C'était un moment agréable à vivre.[59] »

Dès les premières notes, la chanson nous plonge au cœur des années trente, dans une ambiance cinématographique. Cette musique inspire à Souchon une chanson sur le désarroi

58. « Le monde d'Élodie », France Info, 28 décembre 2021.
59. « Bonus Track », RTL, 10 juin 2021.

d'un garçon qui, en proie à la jalousie, craint de perdre la fille qu'il aime. Il est si désemparé qu'il ne sait que faire pour la garder auprès de lui. « Quand elle enlevait sa main de ma main/ Ses yeux de mes yeux/ Ça me faisait souffrir. »

Si l'emploi du mot « jungle » – « Dans notre jungle » – rappelle une autre nouvelle de Somerset Maugham, « Les Empreintes dans la jungle », le reste du texte s'appuie sur le film de Richard Thorpe, *Les Aventuriers du Kilimandjaro*, qu'est en train de regarder ce couple dans la chanson. Soudain, apparaît sur le petit écran l'acteur américain Robert Taylor, surnommé « l'Homme au profil parfait ». Recroquevillé dans le canapé, le héros de la chanson voit celui du film lui subtiliser le cœur de son amoureuse : « Moi, j'étais largué, classé/ Elle était bouche bée/ Et lui, c'était Robert Taylor. »

Souchon décrit un homme désarmé qui n'a qu'une vie ordinaire à offrir à sa dulcinée. Engoncé dans son quotidien et sa médiocrité, il est incapable de la faire rêver. Il ne ressemblera jamais à cet aventurier un peu voyou qui plaît tant aux filles. Lui, il est du côté des perdants. Un sentiment que connaît bien Alain Souchon, qui a été surpris que le regard de son épouse se pose sur lui alors qu'il pensait n'avoir rien pour lui plaire. Comme Gustave Flaubert disait « Emma Bovary, c'est moi », Souchon, en parlant souvent à la première personne dans ses chansons, aime jeter le trouble.

Parue en 1981, « Somerset Maugham » n'a au départ fait l'objet que d'un single. Il faudra attendre la réédition d'*On avance*, en 1983, pour qu'elle figure sur un album, aux côtés de « Banale Song », elle aussi sortie initialement en 45 tours.

« ON AVANCE »

À LA RECHERCHE DU TEMPS PERDU

Au moment d'écrire son sixième album, Alain Souchon est privé de son comparse Laurent Voulzy, occupé à peaufiner les arrangements de son propre opus. L'occasion pour le chanteur de collaborer pour la première fois avec Louis Chedid.

« Laurent n'était pas libre et j'avais envie de faire des chansons. J'étais en retard dans la conception de mon prochain album. J'admirais depuis longtemps la manière dont Louis Chedid faisait de la musique. C'était le bon moment. On est partis en Corse pour travailler. J'ai beaucoup aimé. Louis est un être délicieux. C'est un personnage qui vous prend par le cou et ça vous fait du bien.[60] » En Corse, comme dans tous les endroits où il se trouve, Alain Souchon marche, beaucoup et quotidiennement. Marcher lui permet de laisser son esprit vagabonder et de trouver quelques fulgurances. « Je marchais dans la rue et, tout d'un coup, m'est venu "On n'a pas

60. « Le Grand Entretien », France Inter, 16 décembre 2016.

assez d'essence pour faire la route dans l'autre sens". Cela m'a botté de trouver cette phrase et je l'ai notée.[61] » Louis Chedid se souvient : « Les petits carnets d'Alain Souchon, c'est quelque chose ! C'est impressionnant comment il va chercher le truc, et tant que ce n'est pas bien, il persévère. Il a raison. C'est comme ça que ça fonctionne.[62] »

Un début de refrain qui inspire à « la Souche » un petit bijou sur le temps qui passe, l'un de ses thèmes de prédilection. « Le temps qui passe, c'est le truc fascinant de l'homme. C'est fascinant de regarder sa montre et de se dire "Voilà, la minute qui est passée là, je ne la reverrai plus jamais". Les poètes de la Renaissance, Du Bellay et Ronsard, sont extraordinaires sur le sujet. Ils disent d'une manière simple : "J'étais jeune, j'étais beau et je ne le suis plus, et cela me fout la vie en l'air." Moi, j'aime bien ça, car c'est la vérité, c'est la simplicité de l'existence. Même s'il ne faut pas se laisser bouffer par ça, c'est un passage obligé, cela fait partie de la vie, de vieillir.[63] »

« On avance » ramène l'auteur au temps de sa jeunesse. Sous sa plume, le soleil éclatant de Méditerranée s'efface pour laisser place au ciel voilé de la Manche. Il est de retour en baie de Somme, plus précisément au Crotoy, où ses grands-parents possédaient une maison. C'est l'heure des premiers émois – « Je regardais la mer qui brille/ Dans l'été parfait/ Dans l'eau se baignaient des jeunes filles/ Qui m'attiraient » – et des discussions tardives : « Le soir avec les petits frères/ On parlait/ On voulait tout le monde refaire/ On chantait. »

Les couplets empreints de tendresse sont entrecoupés d'un refrain aux propos plus violents, ramenant à la réalité de

61. « Bonus Track », RTL, 10 juin 2021.
62. « Le monde d'Élodie », France Info, 22 décembre 2022.
63. « Sur la route », France Inter, 20 juillet 2008.

l'existence. La vie file à toute vitesse, interdisant tout retour en arrière, mais, surtout, à l'instar de la mer qui démolit les châteaux de sable, elle finit par effacer de nos mémoires tous les petits souvenirs que l'on considérait comme des trésors, vidant ainsi les instants précieux de toute émotion. « Tous ces petits moments magiques/ De notre existence/ Qu'on met dans des sacs plastique/ Et puis qu'on balance. » Le passage de l'emploi du « je » à celui du « on » et du « nous » montre qu'il n'est pas seul à vivre cette expérience déstabilisante. Le « on » englobe tous ceux qui écoutent la chanson. Pour eux aussi, la vie est dérisoire à pleurer !

Comme celle de Voulzy, la musique de Chedid offre un véritable écrin aux paroles de Souchon. Avec « On avance », le chanteur livre l'un de ses textes les plus nostalgiques et les plus poétiques. Qui d'autre que Souchon peut glisser de la beauté dans des sacs en plastique ?

En juillet 2021, au sortir des différents confinements, Louis Chedid rejoint Alain Souchon sur la scène du festival de Carcassonne. Ensemble, ils livrent une version inédite de la chanson, qui fait chavirer le public.

En plus d'« On avance », qui a donné son titre à l'album, les deux artistes ont écrit deux autres chansons ensemble sur cet opus : « Les Papas des bébés » et « Banale Song ».

« CASABLANCA »

MADELEINE ET PIERRE

En 1983, empreint de nostalgie, Alain Souchon éprouve le besoin d'écrire sur la rencontre entre ses parents, Madeleine et Pierre, en 1943, et sur leur amour longtemps gardé secret.

À l'heure d'écrire son sixième album, *On avance*, Alain Souchon est déstabilisé. Il connaît un énorme succès aux côtés d'Isabelle Adjani au cinéma avec *L'Été meurtrier* de Jean Becker, dans lequel il est inoubliable dans le rôle de Pin-Pon. Il n'a pas vraiment la tête à faire des chansons, mais sa maison de disques, qui ne voit pas d'un bon œil ses aventures cinématographiques, le pousse à se remettre au travail.

En l'absence de Laurent Voulzy parti à la recherche de la « pierre philosophale », dixit Souchon, « la Souche » fait appel, outre Louis Chedid, à David McNeil, auquel il demande pour la première fois de l'aide pour l'écriture d'une chanson qui lui tient à cœur : « Casablanca ».

C'est dans cette ville du Maroc, alors sous domination de l'Empire colonial français avec le statut de protectorat, qu'Alain Souchon pousse son premier cri, le 27 mai 1944.

La ville fait parler d'elle parce qu'elle abrite également en son sein « le Bombardier marocain », Marcel Cerdan, qui a commencé à boxer à l'âge de 10 ans dans la salle de bal du café familial de Casablanca, où son père organisait des exhibitions chaque semaine. « L'Homme aux mains d'argile », comme il est surnommé, devient champion du monde des poids moyens après sa victoire sur l'Américain Tony Zale, le 21 septembre 1948, à Jersey City, aux États-Unis.

Casablanca est aussi sous les feux des projecteurs grâce au film qui porte son nom, réalisé par Michael Curtiz et sorti sur les écrans en 1942, avec, dans les rôles phares, Humphrey Bogart et Ingrid Bergman.

C'est dans cette effervescence que Madeleine croise le regard de Pierre. Alain Souchon raconte : « Je voulais écrire une chanson sur mes parents, sur leur rencontre. Ils me parlaient de manière mythique de leur vie au Maroc à l'époque de la colonisation, à l'époque où la vie pour les Français là-bas était très agréable… J'entendais parler de ce pays comme d'un paradis. Mes parents gardaient une grande nostalgie de leurs trois années passées à Casablanca, où ils ont vécu des moments absolument délicieux. Mon père, agrégé d'anglais, était interprète pour les généraux américains. Ils avaient plutôt la grande vie. Ils évoluaient dans un monde luxueux et facile. Ils se sont rencontrés lors d'une réception dans un palais de la République.[64] »

Mais s'aventurer dans l'intimité de ses parents, même quarante ans plus tard, n'est pas une démarche aisée, d'autant que leur histoire d'amour n'est pas des plus conventionnelles pour l'époque. « Je n'osais pas en parler moi-même. Ça me gênait. Je trouvais impudique de parler des rapports amoureux de mes parents. C'est un

64. France Info, décembre 2016.

peu choquant de plonger dans l'histoire d'amour de ses parents, j'ai donc demandé à David McNeil de travailler avec moi.[65] »

Une première pour Alain Souchon, qui écrit d'ordinaire en solitaire. L'artiste a rencontré David McNeil à ses débuts. Tous deux sont dans la même maison de disques, RCA, et participent à plusieurs reprises à des émissions de télévision ensemble. « Je l'admirais beaucoup. Il était assez marginal, pas vraiment connu du grand public. Il écrivait des chansons formidables, il aimait les mots, les ajustait, faisait des rimes toujours très riches. Dans la vie, c'est un personnage toujours désespéré, élégant, très cultivé, un peu alcoolo et malheureux, alors qu'il avait tout pour lui, comme le héros de *Gatsby le Magnifique* de Scott Fitzgerald. Des gens qui ont tout, qui sont beaux, qui sont intelligents, qui sont riches et qui sont profondément malheureux, j'aime beaucoup ça, cela m'a toujours fasciné. On est devenus amis. On a fait la chanson ensemble, et la chanson, je l'adore, comme j'adore David.[66] »

Notamment auteur du fameux « Hollywood » rendu célèbre par Yves Montand, David McNeil s'attelle à la tâche avec Souchon. Tous deux dépeignent avec une précision infinie l'ambiance régnant dans les soirées coloniales huppées au début des années quarante. La première strophe est construite comme une véritable scène de cinéma. Les héros du film sont les parents d'Alain Souchon. Le père a l'allure d'Humphrey Bogart – « Regard ouragan sur le Caine » – garant sa « Delahaye devant l'palais du résident », et la mère celle de Lauren Bacall, appuyée sur le pianola, attendant son prince, dans sa robe longue.

65. « La Grande Librairie », France 5, 16 décembre 2016.
66. « Alain Souchon : il chante un baiser », France Inter, 21 juillet 2007.

À l'instar des décorateurs d'un film, les auteurs soignent minutieusement les détails afin de retranscrire fidèlement cette époque. On retrouve, entre autres, le pianola – piano mécanique automatique ou semi-automatique qui, par un système pneumatique, reproduit de la musique à partir de rouleaux en papier ou en carton perforé –, mais aussi le Pimm's que boit l'héroïne, cette boisson alcoolisée anglaise, à base de gin et de plantes, très prisée de la haute société.

Plus subtile encore, on entend la bande-son de la salle de réception, « La Complainte de Mackie », extraite de la comédie musicale *L'Opéra de Quat'sous*, signée Bertolt Brecht et Kurt Weill.

Conscients d'être quelque peu indiscrets, les auteurs se font facétieux pour alléger le propos, osant le jeu de mots « Alsace Lauren » – « Bogart offrait place de France/ Du vin d'Alsace à sa Lauren » – à la fin du dernier couplet.

À travers « Casablanca », Alain Souchon rend un hommage des plus élégants à ses parents, comme pour redonner ses lettres de noblesse à leur amour qui s'est noué dans l'adultère. À la fin de chaque couplet, la phrase mystérieuse « Y'a les langes d'un bébé, qui ? » laisse entendre combien leur histoire a été semée d'embûches.

Madeleine est mariée lorsqu'elle tombe amoureuse de Pierre Souchon. Alain est le fruit de cet amour que la morale réprouve. Avant 1965, l'adultère était automatiquement une cause de divorce et, jusqu'en 1975, une épouse trompant son mari était punie d'une peine d'emprisonnement de trois mois à deux ans, tandis que ledit mari n'encourait pour cette faute qu'une amende de 360 à 7 200 francs si, et seulement si, son adultère avait été commis au domicile conjugal ! Il faudra attendre la loi du 11 juillet 1975 pour qu'en France l'adultère ne soit plus puni pénalement.

C'est dire, au regard de la loi archaïque alors en vigueur, la force de l'amour qui unit Madeleine et Pierre, qui ont dû surmonter bien des épreuves avant d'être enfin réunis. À sa naissance, Alain porte le nom du mari de sa mère, Kienast. Madeleine attendra que son fils fête son septième anniversaire pour quitter le foyer conjugal et s'installer avec Pierre. Alain prend alors le patronyme de son « vrai » père. Malheureusement, ce nouveau bonheur familial ne dure que sept ans, brisé par l'accident de la route qui coûte la vie à Pierre Souchon.

Avec « Casablanca », Alain Souchon choisit de graver en chanson cet instant de bonheur, ce coup de foudre entre ses parents dans une ville qu'ils aimaient tant.

« L'amour rend aveugle. L'amour doit rendre aveugle ! Il a sa propre lumière. Éblouissante », écrit Daniel Pennac, né le 1er décembre 1944 à... Casablanca, six mois après Alain Souchon. Six mois : l'âge auquel le chanteur quitte le Maroc pour Paris. Il ne garde pour seuls souvenirs de sa ville de naissance que ceux racontés par ses parents, et un goût de paradis perdu.

« BANALE SONG »

CHRONIQUE D'UN AMOUR ORDINAIRE

Écrire des mots simples pour provoquer des émotions, telle est l'ambition d'Alain Souchon avec « Banale Song ». Sur une mélodie de Louis Chedid, il écrit l'une des rares déclarations d'amour de son répertoire.

Dans ses chansons, Alain Souchon a toujours pris soin d'éviter l'évidence. « Je n'écris jamais "Je t'aime" dans mes chansons »[67], répète-t-il à l'envi, expliquant qu'il préfère chercher les mots adéquats pour traduire le sentiment amoureux plutôt que de tomber dans la facilité de la déclaration brute. L'utilisation du « Je t'aime » le renvoie aux chanteurs de variété et à des bluettes qu'il n'apprécie pas.

Pourtant, dans « Banale Song », Souchon déroge à sa règle. « Quel joli discours/ Ces mots sans rien autour/ Je t'aime, je t'aime, je t'aime », chante-t-il sans toutefois se défaire totalement de son style. Il choisit un titre franglais et use d'un

67. « Star sans stress », France Inter, 21 septembre 1984.

vocabulaire « souchonien ». Qui d'autre que lui pour glisser dans une chanson le mot anglais *simplistic*, qui se traduit par *simpliste* en français : « Quel plaisir de dire ce *simplistic* poème. » Un mot choisi pour sa sonorité, mais aussi pour sa signification. « J'essaie d'être simple ; en même temps, je n'y arrive pas toujours. On est tous touchés par les mêmes choses. Il faut que les chansons soient compréhensibles. Il faut être populaire, ne pas vouloir être snob. On vient de Nougaro, de Gainsbourg, de Brel, de Béart, de Barbara ; la chanson française, c'est quand même quelque chose.[68] »

Dans « On s'ennuie », figurant sur l'album *Rame*, Alain Souchon trouve que « la musique Prisunic, c'est détergent ». Dans « Banale Song », il demande « pardon aux play-boys littéraires » quelquefois trop hermétiques. Il semble avoir envie de revenir à l'essence première d'une chanson. « Une bonne chanson doit vous embarquer, vous faire sourire ou ressentir quelque chose, que ce soit parce que vous la trouvez très émouvante ou bien parce que vous la trouvez drôle, mais elle doit vous faire quelque chose. Le tube est accidentel. On fait les chansons toujours avec la même fougue. Toutes les chansons… Puis il y en a qui deviennent des tubes, mais ce n'est pas nous qui décidons.[69] »

Autre rareté, « Banale Song » s'adresse à Françoise, la femme de sa vie. Alain Souchon est très discret à son sujet. Depuis le début de sa carrière, il ne lui a vraiment dédié que deux chansons : « Le Château », dans son premier album *J'ai dix ans*, puis « Frenchy bébé blues » sur l'opus *Toto 30 ans, rien que du malheur…*

« Le Château » fait référence au château de Chémery, dans le Loir-et-Cher, acheté par sa mère, Madeleine. Le château,

68. *La Croix*, 24 décembre 2014.
69. « Mon enfance insouciante », France Culture, 23 octobre 2023.

qui date du XVe siècle, est alors en ruine. Qu'importe ! Amoureuse des vieilles pierres et férue de la préservation du patrimoine, la famille Souchon – Madeleine et ses fils Alain et Patrick – se met en tête de restaurer la bâtisse, aux murs d'une épaisseur incroyable, dans laquelle François Ier a déjeuné en janvier 1517. La tâche est ardue pour ces novices en la matière : tous les dimanches, durant plus de dix ans, ils vont tenter de redonner vie à ces lieux chargés d'histoire. L'aventure est démesurée, et les restaurateurs en herbe finissent par rendre les armes. Le château sera finalement revendu à des amis de la famille. Entre-temps, Alain Souchon est devenu chanteur à succès, et ce château se transforme en un refuge qui le protège de sa notoriété naissante : « Moi, je m'en fous de posséder, mais là, c'est un endroit où l'on ne peut pas me mettre dehors, comme une sorte de protection. Et ça, c'est sécurisant : avec ma femme, on a trop vécu chez les autres, n'ayant pas d'endroit où aller. Moi, j'ai peur lorsque je songe à ce que je ferai, à ce que je serai dans trois ou quatre ans. Au moins, je sais que je pourrais venir ici.[70] »

« Un jour, je t'emmènerai de force malgré toi/ Dans la maison qui tombe/ Le château dans les bois/ Très loin cachés du monde/ Nous ferons nos amours » : c'est aux Montils, à vingt-cinq kilomètres de Chémery, qu'il épouse Françoise Villechevrolle, le 20 novembre 1971. Vivre une vie normale dans un château comme vivre une vie normale de couple tout en étant un chanteur populaire, c'est la volonté d'Alain Souchon…

Dans « Banale Song », il faut entendre « Banale » au sens propre : « Qui ne s'écarte pas du cours normal des choses ». L'image est toujours juste chez Souchon. « Comme

---

70. *Alain Souchon, le rebelle en douce*, Richard Cannavo, éditions JC Lattès, 1998.

j'ai beaucoup changé, tout le temps, je me suis toujours dit que je n'aimerais pas changer de femme, j'habite toujours le même appartement, j'ai toujours le même numéro de téléphone...[71] »

Sa rencontre avec « Bélote », comme il la surnomme affectueusement, a autant changé le cours de son existence que celle avec Laurent Voulzy. Françoise a été là avant qu'il ne soit célèbre. Les dés ne sont pas pipés. Elle l'a aimé pour lui, pour ce qu'il est. Elle est son mur porteur, elle le rassure quand l'angoisse l'étreint, quand il craint de décevoir comme il décevait sur les bancs de l'école. Habitué aux reproches dans l'enfance, les compliments le chamboulent. Il souffre du syndrome de l'imposteur, à chaque sortie d'un nouvel album.

Françoise Souchon a choisi de *rester* dans l'ombre, mais pas d'*être* une ombre. Elle n'est pas une femme de chanteur, elle a épousé un chanteur : la nuance est essentielle. Son mari le souligne : « Je n'ai pas envie, avec la fille que j'aime, qu'on ait l'un et l'autre des rapports terroristes. C'est déjà bien de dire que, l'amour, c'est autre chose que ça. Mais est-ce que ça veut dire que j'arrive à appliquer mes belles théories ? Pas si simple pour moi ! Mais ma femme, c'est quelqu'un ! C'est une personne ! Quelqu'un d'autre que la femme de Souchon ![72] »

Néanmoins, épouser un chanteur, c'est un peu épouser un marin. Pour persister, la relation demande quelques accommodements raisonnables. « Je ne crois pas qu'elle me trouve facile à vivre. Elle trouve que l'on ne parle que de moi, qu'il n'y a que moi qui existe. J'ai besoin de quelqu'un à qui parler, à qui montrer mes chansons en premier, à qui raconter "je suis allé chanter là, et il m'est arrivé ça". Ça vient

71. *Télérama*, 27 septembre 2008.
72. *F Magazine*, avril 1979.

de mon métier, c'est un peu énervant par rapport à elle, mais je crois que toutes les femmes de personnages publics vivent la même chose. C'est tellement envahissant, un métier public, ça envahit la vie privée, alors on finit par avoir des tas de problèmes. Je la vois peu, et quand je la vois, je lui dis : "Alors, est-ce que j'ai une chemise prête pour ce soir ?" C'est un peu ça aussi, alors c'est énervant pour elle parce qu'elle ne se réalise pas en tant que Françoise.[73] »

Pour Souchon, un couple, c'est avoir « le même sens des choses primordiales » et adhérer à cette pensée de Saint-Exupéry, qu'il admire : « Aimer, ce n'est pas se regarder l'un l'autre, c'est regarder ensemble dans la même direction. »

Sortie en 45 tours avant de figurer sur la réédition de l'album *On avance,* cette « Banale Song » écrite en 1984 et délicate comme un bouquet de violettes a traversé les âges. En 2021, les Souchon ont célébré leurs cinquante ans de mariage. Il semblerait que, selon la formule de Claude Nougaro, Alain Souchon ait trouvé en la mère de ses deux garçons, Pierre – né en 1971 – et Charles, surnommé « Ours » – né en 1978 –, « la femme de sa mort ». « J'ai eu la chance de ne pas être tombé sur une idiote. Ben oui, c'est une chance. On ne sait jamais, avec les filles : il suffit qu'elles aient de belles petites oreilles et on se laisse embarquer.[74] »

73. « À bout portant », TF1, 1979.
74. *L'Express*, 1999.

« LETTRE AUX DAMES »

SOUCHON, PÈRE ET FILS...

Les enfants, filles et garçons, sont un thème récurrent dans les chansons. Avec « Lettre aux dames », Alain Souchon fait à son tour état de sa paternité. En choisissant un angle singulier, il livre une œuvre d'une tendresse infinie.

En 1983, Pierre a 12 ans et Charles 5. En les regardant grandir, leur père se revoit au même âge. Il sait que l'adolescence ne va pas tarder à frapper à leur porte et charrier avec elle son lot de tourments aux visages féminins. Il se souvient de son premier baiser, à 12 ans, dans un bois avec Yolande, puis de son premier rendez-vous d'amour, au métro La Motte-Picquet, auquel il se rendit paralysé par la peur.

Alain Souchon ne cesse de surprendre par son extrême sensibilité. Il n'envisage pas ses fils en Casanova, en briseurs de cœur. Ils lui apparaissent au contraire comme des garçons fragiles sans défense face aux sourires ravageurs des filles qui ne leur voudront pas toujours du bien.

Le jeune homme qu'il était n'a jamais digéré ses blessures et n'a pas oublié son oreiller rempli de larmes les soirs de chagrins d'amour : « L'oreiller, c'est là que tout se vide/ Je les connais, ces mauvais soirs/ Jusque tard, j'ai fait l'égouttoir. » Il voit ses garçons à son image, susceptibles de crier « Allô maman bobo » à tout moment. Sentant qu'il n'a pas les armes suffisantes pour les protéger, Alain Souchon supplie, dans « Lettre aux dames », les filles de ne pas abîmer ses garçons comme lui a pu l'être : « Chères les enfants filles/ C'est une lettre que je vous tortille/ Quand ils seront là-bas, mes rigolos, chez vous/ Allez-y mou/ Allez-y mou/ C'est que des bouts d'chou. »

Derrière ce texte se cache, en filigrane, l'un des grands regrets d'Alain Souchon. Depuis que Pierre et Charles ont vu le jour, il est à inscrire au rayon des papas absents et en éprouve un fort sentiment de culpabilité. « Le rôle de père, je ne l'ai pas bien fait. Je n'étais jamais là, j'étais sur les routes, je ne pensais qu'à moi, mes chansons, mon travail. J'avais la tête ailleurs. Tout cela s'est fait tout seul. Ma maison de disques me demandait des albums, Laurent n'était pas toujours disponible. Donc, quand il y avait un créneau de huit jours, on fonçait. Si j'ai été un père absent, c'est la faute de Laurent *[rires]*. Et puis, j'ai même fait du cinéma. Là, je partais carrément trois ou quatre mois.[75] »

En choisissant à leur tour le métier d'artiste, Pierre et Charles prouvent qu'avoir eu un papa courant d'air ne les a pas traumatisés. Père et fils auront le plaisir de travailler ensemble à plusieurs reprises, non pas pour rattraper le temps perdu mais pour se faire des souvenirs en commun. « Travailler avec ses enfants, c'est jubilatoire, parce qu'on n'a pas beaucoup l'occasion de faire des choses ensemble.

75. *Paris Match*, 3 décembre 2020.

Ils sont dans leur jeunesse et moi dans ma maturité. Chacun voit ses propres films. Quelquefois, on se retrouve, mais, en général, on est un peu parallèles. Ici, avec le cadet, Charles, j'ai imaginé un site Internet. Avec Pierre, j'ai fait des musiques. Réaliser des trucs en commun, en partageant ses anxiétés, ça lie beaucoup… *[Silence]* La chanson, pour moi, c'est important, mais mon centre, ma vie, ce sont ma femme et mes enfants… Et je donnerais n'importe quoi pour que mes enfants soient heureux. N'importe quoi.[76] »

La première collaboration avec Pierre date de 1993. Sur l'album *C'est déjà ça*, Pierre compose la musique de « Le Fil », une chanson de circonstance puisqu'elle souligne l'importance du fil qui nous lie les uns aux autres.

En 1999, sur l'opus *Au ras des pâquerettes,* Pierre réitère l'expérience sur « C'était menti » et co-compose avec son père l'air de « Petit Tas tombé ». « J'avais commencé la musique, mais j'étais en panne, il m'a aidé à terminer », confie Alain Souchon.

En 2005, sur l'album *La Vie Théodore*, Pierre signe la musique de la chanson « Le Marin » et co-compose avec son père celle de « L'Île du dédain », dont le texte dénonce une fois encore la façon qu'ont « les filles de tourner autour… Elles font leur cirque pour ne pas nous regarder. C'est le jeu entre les hommes et les femmes »[77].

Sur le même disque, fait rare, Alain Souchon reprend « Lisa », une chanson dont il n'a fait ni la musique ni les paroles. Elle vient du premier album des Cherche Midi, groupe composé de… Julien Voulzy et Pierre Souchon. « "Lisa" est une chanson que Pierre a écrite à l'âge de

76. *Chorus*, hiver 1999-2000.
77. *Chorus*, été 2005.

12 ans. On s'était regardés avec ma femme et on s'était dit que c'était cool d'avoir enfanté un génie *[Rires]*.[78] » Les paroles sont, quant à elles, signées Pierre Grillet et Mireille Davidovici.

En 2008, sur *Écoutez d'où ma peine vient,* père et fils composent ensemble la musique de « Sidi Ferouch » et de « Parachute doré ».

En 2011, Alain Souchon publie un album à part dans sa discographie, *À cause d'elles*, qui ne parle pas des filles, mais des chansons que lui chantait sa maman quand il était petit. De ces moments privilégiés, il a conservé l'amour d'entendre des histoires et d'en raconter. Il choisit de reprendre ces chansons fredonnées à son tour à ses fils, pour la bonne cause : « J'ai fait ce disque pour la Ligue contre le cancer. J'avais vu ces enfants isolés du monde, dans des chambres stériles, les problèmes financiers que ça posait à leurs parents… Cela permet de mettre en lumière le travail des gens de la Ligue.[79] »

Dans cet album illustré par le dessinateur Sempé, il livre une nouvelle version de « J'ai dix ans » et co-compose avec Pierre une chanson inédite, « Le Jour et la Nuit » pour laquelle il garde une tendresse particulière. « Elle parle de l'école et de son importance ; ça, c'est la réalité, il faut aller à l'école. Il n'y a que l'école qui peut vous sortir de la mouise, mais ce n'est pas toujours marrant, il faut se lever le matin à un moment où on n'a pas envie de se lever pour aller faire des choses qu'on n'a pas forcément envie de faire.[80] » Accompagné d'une chorale d'enfants, Alain Souchon se souvient, à travers cette chanson enfantine, à quel point la

78. *Le Nouvel Observateur*, septembre 2005.
79. *Le Figaro*, 28 décembre 2011.
80. *Le Figaro*, 4 novembre 2011.

nuit était son refuge. Il pouvait ainsi laisser libre court à son imaginaire. Des évasions salvatrices qui adoucissaient sa vie d'écolier en souffrance.

En 2017, Charles alias Ours rejoint son père et son frère pour composer les chansons du troisième volet du conte musical *Le Soldat rose à la fabrique de jouets*, dont les paroles sont signées Pierre-Dominique Burgaud. Le premier volet du *Soldat rose* avait été composé par Louis Chedid, et le deuxième – *Le Soldat rose 2* – par Francis Cabrel.

La même année, Pierre et Charles supervisent *Souchon dans l'air*, un disque hommage rendu à leur père par différents artistes, à l'instar de Benjamin Biolay, Vanessa Paradis, M ou Juliette Armanet. Le succès de l'opus permet l'édition d'un volume 2, dans lequel Pierre et Charles Souchon reprennent « La p'tite Bill elle est malade ».

En 2019, Pierre et Ours réalisent l'album de leur père, *Âme fifties*. Pierre en co-compose quatre chansons avec Alain Souchon : « Âme fifties », « On s'ramène les cheveux », « Ici et là » et « Debussy Gabriel Fauré », tandis que « Presque » est écrite par Alain Souchon et Édouard Baer pour les paroles, et Pierre Souchon et Ours pour la musique.

« Avec mes fils, on s'entend bien, on aime être ensemble, dire des bêtises, rigoler et faire de la musique »[81], confie Alain Souchon avec fierté.

Devenu inséparable, le trio décide de partir en tournée au mois de mai 2024 pour une durée d'un an et demi. « Alain Souchon, accompagné par Ours et Pierre Souchon », peut-on lire sur l'affiche. Des concerts donnés dans des salles à taille humaine, car les Souchon souhaitent instaurer une ambiance intimiste. Le désir de Pierre et Ours est de mettre en lumière la beauté des textes de leur père. Les chansons

81. *Midi Libre*, 30 juillet 2020.

d'Alain Souchon y seront présentées d'une manière très dépouillée, avec, bien sûr, les incontournables, mais aussi des morceaux moins connus du grand public, et, en prime, une chanson inédite du trio.

« C'EST COMME VOUS VOULEZ »

FAUSSEMENT DOCILE

À 41 ans, Alain Souchon change de maison de disques et publie *C'est comme vous voulez,* son septième album, plus musclé musicalement. Plus que jamais, l'artiste est résolu à casser son image.

L'opus précédent, *On avance*, est le dernier qu'Alain Souchon devait à sa maison de disques RCA. À l'heure du renouvellement de son contrat, l'artiste se trouve confronté au départ de Bob Socquet, qui l'avait accompagné depuis la sortie de « L'Amour 1830 », en 1973. « Il a eu un gros malheur dans sa vie personnelle et il a arrêté ce métier. De plus, ma maison de disques était en train de couler. Il fallait que je signe ailleurs. J'ai hésité… et j'ai appris que le patron de Virgin souffrait de migraines, et j'aimais cette idée-là.[82] »

Alain Souchon devient donc un artiste Virgin. Et qui dit changement de maison de disques dit changement d'équipe.

82. France Inter, 21 juillet 2007.

« J'ai rencontré des nouvelles personnes, qui avaient une vision de moi plus extérieure. Elles n'avaient pas participé à la progression des choses. Elles me voyaient autrement, les uns me disaient : "Toi, c'est ça", les autres : "Non, toi, c'est ça". » J'avais envie de leur dire : "C'est comme vous voulez."[83] »

Le titre du futur album est trouvé ! Pour écrire les chansons, Souchon part en Bretagne avec Voulzy, qu'il retrouve avec une joie non dissimulée. Si ce dernier n'avait composé qu'un titre, « Saute en l'air », sur l'album précédent, il signe la musique de cinq morceaux sur l'opus, qui en compte dix.

Souchon explique : « J'ai écrit "C'est comme vous voulez" pour sortir de l'image du séducteur fadasse. Je suis un rebelle en cachemire, c'est ça, l'idée du texte ! Je lis beaucoup les journaux, je suis de près la vie politique ; franchement, ça dégoûte. Quand on regarde ce que font les hommes du monde, leurs tiraillements, leurs guerres… Au bout d'un moment, on a envie de dire "Faites comme vous voulez, démerdez-vous" ![84] »

« Ku Klux Clan Baba Cool Greenpeace et Moon imbéciles/ Karl Marx Brothers et beau dollar infantile », chante Souchon dans une chanson dont le texte présente plusieurs niveaux de lecture. « "C'est comme vous voulez" est une chanson qui peut être prise de plusieurs façons. On peut penser que je me fous de tout, de ce qu'on pense de moi, et puis on peut dire que c'est pour me moquer des travers de certains militantismes que je tourne en dérision. C'est une chanson un peu insolente.[85] »

83. *Ibid.*
84. *Ibid.*
85. *Le Soir*, décembre 1985.

L'auteur s'amuse aussi avec le cliché du chanteur, personnage quelque peu lisse, incapable de prendre une décision et qui, pour ne froisser personne, est prêt à faire toutes sortes de courbettes et de concessions. « D'avoir son image partout, quand on est célèbre, fait que l'on peut se retrouver réduit à l'état d'image. Or, jamais un chanteur n'est uniquement ce schéma que les gens pensent, il est ça et autre chose. Si on est doux et gentil, on peut aussi par moments être coléreux, capricieux ou emmerdant. Quand on a l'image de quelqu'un d'intelligent, on peut aussi parfois être idiot. Nous ne sommes que des hommes, et si on ne vit qu'en fonction de son image, c'est une mort de l'homme. Moi, je fais attention.[86] »

Au terme « pessimiste », Alain Souchon préfère celui de « réaliste ». En observateur du monde, il est profondément chagriné par les dérives qu'il observe, impuissant. « Le monde est organisé de manière tellement ahurissante, tellement folle, par des gens tellement incompétents, que l'on ne peut être qu'inquiet sur l'avenir des choses, mais ce n'est pas pour ça qu'il ne faut pas rigoler. C'est ce que j'essaie de faire en exerçant mon métier de paillettes et de superficialité, et je m'amuse. Je fais passer la vie.[87] »

Arrangée et réalisée par Michel Cœuriot, la chanson « C'est comme vous voulez » plonge Alain Souchon dans un style musical à la fois plus « rock sophistiqué », comme aurait dit Christophe, et plus synthétique. Le titre sonne différemment des chansons de l'album précédent, par exemple, grâce à l'utilisation du synthétiseur Fairlight CMI. Ce *Computer Musical Instrument* est révolutionnaire : il comprend un ordinateur, un clavier cinq octaves, un écran tactile permettant

86. *Ibid.*
87. « Journal de 13 heures », Antenne 2, 14 novembre 1985.

de visualiser sous forme de partition des sons à l'écran, mais aussi d'échantillonner et de relire ce qui vient d'être joué.

En France, le premier à avoir compris la révolution musicale engendrée par cet instrument est Daniel Balavoine. Amoureux fou de nouveaux sons, le chanteur investit dans ce matériel haut de gamme, qu'il a importé d'Australie, et fait figure de pionnier en étant également le premier artiste français à aménager un *home studio*. C'est dans sa maison de Colombes que les maquettes de l'album *Loin des yeux de l'Occident* et de *Sauver l'amour* ont été enregistrées. Il s'est servi de son nouveau joujou pour « habiller » ses chansons, et notamment « Tous les cris les S.O.S. » : dans l'introduction, on entend un vrai sifflement de train, auquel Balavoine a ajouté un vibrato. L'ensemble donne, pour finir, naissance à un son inédit.

De son côté, si Alain Souchon n'est pas hermétique à l'usage de nouveaux sons, le travail en studio lui demeure étranger, contrairement à son acolyte Laurent Voulzy. « Le travail de studio, je n'aime pas tellement. J'aime bien marcher dans la nature et rentrer chez moi, et dire : "Putain, j'ai trouvé une phrase géniale." Je la note après ; très souvent, je la perds. C'est ce que je considère comme mon métier. Les studios, ça me fait toujours un peu peur, il y a tant de boutons, tant de possibilités de mettre de la réverbe là ou autre chose ici, je me dis : "C'est pour pallier quoi ?" Une chanson, ce sont des paroles et de la musique, et puis la voix d'un homme ou d'une femme. C'est ça, l'important.[88] »

88. « Pop N' Co », France Inter, 7 juin 2021.

« BALLADE DE JIM »

SOUCHON, SCÉNARISTE ET POÈTE

Avec « Ballade de Jim », Alain Souchon signe le *road movie* le plus célèbre de la chanson française. Subtilité de la langue, la ballade est aussi… une balade !

Quand il écrit une chanson, Alain Souchon s'attache à reproduire ce qu'il a aimé chez Brassens et Brel : raconter une histoire. Mais, pour parvenir à la substantifique moëlle, le chemin se montre parfois long et sinueux, même pour les plumes les plus affutées. « J'ai du mal à écrire des histoires. Pour le texte "Ballade de Jim", on a travaillé trois semaines, peut-être dix heures par jour tous les jours, tellement j'étais nul ! Mais j'aime quand c'est simple et émouvant en même temps. La fille est partie et le type est malheureux. Rien de plus simple que ça ! L'exercice, c'est de montrer une suite d'images, de brosser des tableaux avec des choses banales, et qu'on soit bien dans le film sans se creuser la nénette tranquillement jusqu'à la fin où il y a une petite chute.[89] »

89. *Le Soir*, décembre 1985.

Jim n'est pas le seul à partir en balade. Le duo Souchon-Voulzy a posé ses valises, dans un premier temps, dans une maison en Bretagne. C'est l'automne, il pleut, la demeure est grise, la grande cheminée est allumée dans la pièce principale et les deux artistes engloutissent kouign-amann sur kouign-amann pour chasser le spleen. L'inspiration ne vient pas.

Avant de déborder de leur jean, ils font leurs valises et mettent le cap vers le sud de la France, à la recherche d'une éclaircie. Pendant une semaine, ils tentent de coucher sur le papier les malheurs de Jim, sans pour autant parvenir à terminer la chanson. Qu'à cela ne tienne : Alain Souchon et Laurent Voulzy font la route dans l'autre sens, pour apposer en terre bretonne la touche finale au texte.

L'aventure s'annonçait pourtant sous de bons auspices. L'angle de la chanson choisi, deux vers sont venus immédiatement à Souchon : « Comme elle est partie, Jim a les nerfs/ Jimmy boit du gin dans sa Chrysler. » Mais, une fois le décor planté, la suite se révèle moins aisée. « Laurent changeait la musique tout le temps. Il avait un début vachement bien. Il commence une musique, on travaille dessus toute la journée, je cherche des paroles, et puis, le lendemain, au moment de se remettre à faire notre chanson, il me dit : “La musique ne me plaît pas, je vais recommencer.” Et tous les jours, pendant quinze jours, il a changé la musique. Il cherche constamment, et tant qu'il n'a pas trouvé, il recommence. De mon côté, je modifiais sans cesse mon texte pour coller à la musique.[90] »

Et pour Voulzy, le texte, c'est d'abord du son. Souchon se souvient : « Parfois, on discute ferme, on pinaille. J'avais écrit “Le cuir rouge de sa Chrysler” parce qu'à mes yeux, “cuir” tout seul, ça faisait voiture anglaise, et “cuir rouge”

90. « Bonus Track », RTL, 10 juin 2021.

voiture américaine : alors, on s'est bagarrés car, musicalement, le mot "rouge" n'allait pas avec la mélodie, et Laurent a gagné. Il gagne toujours ! Ce qu'il y a d'épouvantable avec lui, c'est que la musique passe vraiment avant tout. Parfois, je lui donne un début de phrase où il n'y a que des *o* et, au bout de deux heures de travail, il me lance : "Ce n'est pas mal, mais il faudrait que tout soit écrit en *i* et il faut recommencer !"[91] »

« Ballade de Jim » traduit une fois encore la manière dont l'auteur conçoit les relations amoureuses. Pour Alain Souchon, les femmes demeurent une énigme. À l'instar de Jim, il décrit les hommes perdus face à elles au point de ne jamais savoir comment les satisfaire : « Depuis deux ans, sûr/ Jim bossait fort/ Pour que sa starlette bronze en hors-bord. » Malgré ses efforts, Jim n'est pas parvenu à garder « son héroïne ». Rien n'était trop beau pour elle, et ce « trop beau », il n'a pas su le lui offrir. En filigrane, il est permis de lire que Jim n'est pas à la hauteur des exigences de l'élue de son cœur. Sans elle, il se sent si minable qu'il songe à disparaître.

« C'était le début des clips et je me disais que c'était important de bien visualiser ce qui se passe dans la chanson. C'est une chanson visuelle. J'ai écrit un petit film, un petit *road movie* avec une bagnole qui roule.[92] »

En écrivant « Ballade de Jim » de manière cinématographique, Alain Souchon croit pouvoir s'affranchir du tournage d'un clip. Mais ce n'est pas l'avis de Virgin, sa maison de disques, qui lance dans un premier temps un concours de scénario auprès des fans du chanteur. Finalement, le clip est réalisé par Philippe Bensoussan, qui a obtenu le César

91. *Le Journal de la Sacem-SDRM*, mai-juin 1994.
92. « Bonus Track », RTL, 10 juin 2021.

du meilleur court métrage de fiction avec *Bluff*, en 1983. « C'est Philippe Bensoussan qui a eu l'idée de faire ce clip où je joue tous les personnages. Ce dernier a eu beaucoup de succès, comme la chanson. C'est rare qu'un clip soit très utile à une chanson et contribue à sa notoriété. C'est le cas pour "Ballade de Jim".[93] »

Le clip est tourné en Corse, proche d'une plage de Calvi. Le réalisateur a besoin, comme décor naturel, de la fameuse corniche évoquée dans la chanson : « Jimmy va trop vite, Jimmy pleurniche/ Il sent son parfum sur la corniche. »

Ce mini-film se voit récompensé lors de la deuxième cérémonie des Victoires de la musique, en novembre 1986. Alain Souchon et Philippe Bensoussan remportent la victoire du meilleur vidéo-clip !

De belles images, un texte chiadé, mais, pour Alain Souchon, l'attache première à une chanson reste la musique. L'entame du titre se reconnaît immédiatement grâce à l'utilisation du synthétiseur à la mode au milieu des années quatre-vingt : le Fairlight. « Ce qui me touche dans les chansons, c'est la musique. Elle vous embarque, elle vous charme, vous attire. Alors qu'est-ce qu'il se passe ? Ah oui, ça raconte que Jim s'est enfui dans sa bagnole car sa gonzesse est partie. Il veut se flinguer, alors il va trop vite. C'est comme ça, une chanson. C'est sympa.[94] »

Le choix du prénom Jim n'est pas anodin. C'est celui que porte James Dean dans *La Fureur de vivre*, le film de Nicholas Ray sorti en 1955. Mais le Jim de Souchon ne connaît pas le destin tragique de l'acteur américain. « Il fait le coup en bagnole et, en même temps, c'est un dragueur

93. « Alain Souchon : il chante un baiser », France Inter, 21 juillet 2007.
94. « Pop N' Co », France Inter, 7 juin 2021.

impénitent. Il finit à l'hôpital et fait des clins d'œil à l'infirmière qui le soigne.[95] »

En choisissant une chute emplie d'espoir, qui ramène Jim à la vie, Alain Souchon souhaite mettre en exergue la face ensoleillée de l'amour. Même si les ruptures sont douloureuses, personne ne mérite de mourir à cause de quelqu'un d'autre. Avec du recul, les chagrins d'amour paraissent même dérisoires. Avec cette fin optimiste, Souchon souligne que le sentiment d'amour fleure l'immortalité. On n'aime peut-être pas la même personne toute sa vie, mais il suffit d'un sourire pour que la terre aride refleurisse. L'envie incorrigible de séduire à nouveau est un instinct de survie.

Le titre original de la chanson est « Ballade de Jim », sans article. Même Alain Souchon la rebaptise « *La* Ballade de Jim » lorsqu'il en parle. Ce titre est l'une des pièces maîtresses du répertoire de l'artiste, l'asseyant à la table des grands. L'occasion aussi de reconnaître que sa réputation d'auteur-poète n'est pas galvaudée : Alain Souchon signe avec « Là-bas, le soleil s'écroule dans la mer » l'un des plus beaux vers de la chanson française.

95. « Alain Souchon : il chante un baiser », France Inter, 21 juillet 2007.

« J'VEUX DU CUIR »

SOUCHON EN MARQUIS DE SADE

Le temps d'une chanson, Alain Souchon délaisse sa poésie légendaire pour un langage croustillant. Sa volonté ? Gagner un pari et, par-dessus tout, jouer avec son image !

Après s'être aventuré sur le terrain de la provocation avec « C'est comme vous voulez », sur l'album du même nom paru en 1985, Alain Souchon prend le risque de surprendre, voire de dérouter, son public en interprétant « J'veux du cuir » sur le même opus. Exit son pull en mohair bleu pâle beaucoup trop sage et sa poésie romantique : une nouvelle fois, le chanteur s'amuse à casser son image. « Amenez les jarretelles/ Les bas résilles/ Les sexy dentelles/ Les talons aiguilles. »

Mais quelle mouche a donc piqué Alain Souchon ? La réponse tient en deux noms : David McNeil et… Yves Montand !

Montand a publié en 1984 un album consacré aux chansons de David McNeil intitulé sobrement *Yves Montand chante David McNeil.* Tous deux sont en villégiature à Saint-Paul-de-Vence, à la Colombe d'Or, célèbre hôtel-restaurant devenu le fief de Montand. En 1949, il y a rencontré Simone Signoret avant de l'épouser dans ce village perché des Alpes-Maritimes deux ans plus tard.

Entre deux parties de pétanque sur la place De Gaulle, David McNeil a promis un texte à Alain Souchon. « David m'a envoyé les paroles par courrier. Il m'a écrit : "J'veux du cuir, j'veux des gros seins, des gros culs" car j'étais un peu enfermé dans mon truc d'"Allô maman bobo". En bas de la lettre, il a inscrit "Tu n'es pas capable de chanter ça" et l'a co-signée avec Montand ! Il fallait que je montre que j'en étais capable, ça m'a amusé et puis Laurent aussi. Il a fait une musique qui est vachement bien.[96] »

Après réception du courrier, Alain Souchon a les deux comparses hilares au téléphone. Il entend McNeil lui dire : « Je suis avec Yves Montand qui me dit que tu n'oseras jamais chanter ça, que tu n'es pas cap. » Puis Montand prend le combiné à son tour pour enfoncer le clou : « Ah ah, vous n'allez pas vouloir chanter cela ! »

Souchon ne se démonte pas et relève le défi ! Sa rencontre avec Montand date du tournage de *Tout feu, tout flamme*, le film de Jean-Paul Rappeneau, sorti en 1982. S'ils n'ont pas beaucoup de scènes ensemble, Montand se montre protecteur envers Souchon, dont c'est seulement la deuxième expérience cinématographique. « Il est vraiment marrant, Yves Montand. Une fois, on était en voiture, pour aller au Midem, je crois, et il me dit : "Ah, vous, vous êtes comme Wonder" avec l'accent marseillais. » Souchon reste perplexe, pensant que l'acteur fait référence aux piles Wonder, d'autant que Bernard Tapie, repreneur de l'entreprise, s'affiche dans une publicité vantant les mérites du produit avec le fameux slogan « Mais qu'est-ce qui fait marcher Tapie ? » Perdu dans ses pensées, Souchon

96. « C'est à vous », France 5, 23 novembre 2021.

est en train d'imaginer que Montand le voit comme une pile électrique, quand ce dernier précise son propos : « Oui, comme Wonder, Stevie Wonder. Quoi que vous fassiez, vous avez du succès ![97] »

Transgressif à souhait, David McNeil écrit avec « J'veux du cuir » un texte osé aux multiples références. Le vers « Sade et Sade et "Susie Q" » est choisi pour la sonorité de la langue, mais aussi pour les images qu'il véhicule.

L'auteur évoque le libertin Marquis de Sade et ses œuvres grivoises. « J'veux du cuir » renvoie à l'univers sadomasochiste, et les « gros culs » à l'art de la fessée portée à son apogée par ce grand séducteur, notamment dans *Justine ou les Malheurs de la vertu*, ouvrage dans lequel un moine abuse de son autorité en assenant une cuisante déculottée à la jeune femme vertueuse. Autre allusion au divin Marquis, dans les deux premiers vers du dernier couplet : « Arrêtez, Constance, vos lacs/ Plaisirs des souffrances délicates. » Au-delà du jeu de mots sur le lac de Constance, il s'agit d'évoquer Marie-Constance Quesnet, l'une des dernières maîtresses de Sade. Enfermé à la fin de sa vie à l'asile de Charenton, le sulfureux libertaire obtient que celle-ci vienne s'installer avec lui.

L'autre Sade cité fait référence au groupe britannique du même nom, inspiré de sa chanteuse d'origine nigériane, Sade Adu, qui vient de faire un tube avec « Smooth Operator ». Sade y brosse le portrait d'un « arnacœur », d'un dragueur invétéré.

Enfin, « Susie Q » est le titre d'une chanson écrite et composée par Dale Hawkins, Stan Lewis et Eleanor Broadwater devenue un classique du rock, reprise par les Rolling Stones puis par Creedence Clearwater Revival : « I love the way you walk, I love the way you talk (J'aime ta façon de marcher, j'aime ta façon de parler)/ I love the way

97. « On refait la télé », RTL, 26 février 2022.

you walk, I love the way you talk, my Susie Q (J'aime ta façon de marcher, j'aime ta façon de parler, ma Susie Q). » « Suzie Q » est aussi le nom d'un pas de danse sensuel utilisé pour danser la salsa.

Le protagoniste de « J'veux du cuir » ne se contente pas d'un coup d'œil voyeur (« peep show »), il veut du vécu et s'enfoncer dans un monde dépravé où l'alcool, la drogue et l'exhibitionnisme règnent en maîtres. McNeil ose même un allographe pour clore le dernier couplet : G2LOQ. « Le monde est glauque et ça s'écrit/ "G2LOQ", mon ami. »

Pour parfaire le tableau, la pochette du 45 tours, signée par le dessinateur de bande dessinée Mezzo, suggère un univers punk-SM. On y découvre une fille plantureuse, tout de cuir vêtue, perchée sur des talons aiguilles aussi vertigineux que son décolleté, passant sur sa bouche pulpeuse un rouge à lèvres carmin tout en tenant un chiot en laisse, habillé de cuir également et portant autour du cou un collier à clous, comme sa maîtresse.

Alain Souchon piétine son image et s'en donne à cœur joie, tel un sale gosse. « Arrêtez tout, dans les magazines/ *Nouvel Homme*, *Tweed* et fiches cuisines. » Il tente une fois encore de se débarrasser de l'image de « gentil garçon, chouchou de la presse féminine » qui lui colle à la peau et qui ne représente qu'une facette de sa personnalité.

Loin de la simple blague de potache, en peaufinant le texte de David McNeil, Souchon soulève la difficulté pour un artiste d'être enfermé tout au long de sa carrière dans une image publique immuable qui l'empêche d'être totalement lui-même. Certains, en voulant se rapprocher en cours de route d'un style qui leur correspondait mieux, sont retournés aux oubliettes. « Mais si j'dis ça, je casse mon image/ Ce s'rait dommage d'être au chômage à mon âge. »

La chanson « J'veux du cuir » a été accueillie comme elle a été écrite : au deuxième degré. Même si certains mots crus dans la bouche de Souchon font sursauter, impossible pour le public d'imaginer la silhouette frêle du chanteur se vautrant dans la luxure et le stupre dans les bras de femmes ressemblant à des statues de Botero.

« ULTRA MODERNE SOLITUDE »

LES AFFRES DE L'ISOLEMENT

Avec « Ultra moderne solitude », Alain Souchon rend hommage à tous ceux qui, ne parvenant plus à s'accrocher à la rive, se laissent glisser à la marge d'une société qui leur maintient la tête sous l'eau. Pour le chanteur, dans le ressenti de nos cœurs, « solitaire » et « seul » ne sont pas synonymes.

En 1988, désirant changer de couleur musicale, Alain Souchon choisit d'enregistrer son huitième album studio, *Ultra moderne solitude*, en Angleterre, avec Nick Patrick, un producteur et arrangeur anglais. Une expérience enrichissante pour Souchon, qui émet pourtant quelques bémols. Enregistrer ses chansons avec des musiciens ne comprenant pas la teneur de ses paroles, lui qui apporte tant de soin aux textes, l'a embarrassé.

Le premier extrait de l'opus porte le nom de l'album. La solitude est l'enfant chérie des poètes, des paroliers et des écrivains. La solitude, meilleure des amies quand elle est choisie, ennemie redoutable lorsqu'elle est subie. C'est cette solitude imposée que Souchon couche sur le papier. Un thème récurrent dans son œuvre que l'on retrouvait déjà en 1977 sur l'album *Jamais content* dans la chanson « La petite Bill elle est malade » : « Bill, ma Bill, t'es comme tout le monde/ Quand ça coule de tes yeux, ça tombe/ Mais c'est pas des confettis/ Cette pluie. »

Dans « Ultra moderne solitude », les héros ne portent pas de prénom, comme pour souligner l'anonymat des individus perdus dans la « fourmilière » et permettre à chacun de s'identifier à eux.

Aussi curieux que cela puisse paraître, « Ultra moderne solitude », spleen citadin par excellence, a pris naissance sous le soleil éclatant de Méditerranée. Alain Souchon et Laurent Voulzy sont partis un mois à Monaco dans un appartement prêté par leur ami David McNeil. La journée, ils font du bateau à voile sur la grande bleue et, en soirée, ils écrivent des chansons, dont « Ultra moderne solitude ». « Monaco, c'est un pays très particulier, qui m'a influencé pour écrire parce que c'est un pays de joie de vivre, de gaieté, d'argent, de vie facile et de faste. Quand on y reste trois ou quatre jours, c'est formidable, mais quand on y reste longtemps comme nous, il y a comme un truc triste. C'est comme si on était au bout d'une civilisation, au bout d'un monde de richesse, de beauté, d'agrément et de plaisir. Tout le monde rêve d'avoir une vie agréable avec des restaurants, des rigolades, des gens bien habillés, d'aller jouer au casino et de passer son temps à des frivolités, mais, quand on y est, au bout d'un moment, ça finit par rendre la vie complètement vide. On craint quelque chose, mais on ne sait même pas quoi. Quand on a fait "Ultra moderne solitude", on était dans cet esprit-là. On était pris par quelque chose d'un peu triste, dans ce monde de paillettes et d'amusement.[98] »

L'univers aseptisé de la principauté l'oppresse. « Tout a l'air parfait, tout est riche, tout est beau, les gens qui marchent dans la rue, les vieilles dames avec leurs bijoux, les hommes avec des beaux costumes impeccables qui travaillent à la banque, on se dit "Il y a une espèce de mélancolie à les voir marcher, cela fait frissonner." Il y a quelque chose de très réussi techniquement, la vie a l'air parfaite et, en même temps, c'est angoissant. On tombe dans une espèce de dépression qui ne peut être que passagère.[99] »

Pour traduire plus fidèlement ce sentiment de solitude, Alain Souchon transpose l'action d'« Ultra moderne solitude » dans de grandes métropoles, à Paris, boulevard Haussmann, et à New York, dans le quartier de Manhattan. Le mal-être est universel et s'infiltre insidieusement en nous. Cette sensation de vide qui nous aspire sans prévenir et nous donne le vertige, au point de vaciller en pleine rue, se propage tel un virus dans les pays industrialisés. « C'est le paradoxe de la solitude. On vit tous entassés dans des villes, c'est la civilisation citadine… C'est impressionnant, les gens qui se sentent seuls, qui sont rejetés parce qu'ils sont vieux, malades, ou parce qu'ils sont timides… […] Quand les gens habitaient la campagne et qu'ils se sentaient seuls, on trouvait ça normal, tandis que là, on est entouré de tellement de monde que se sentir seul dans ce fourmillement d'êtres humains, c'est comme s'il y avait une incommunicabilité qui fait peur, qui angoisse. C'est beaucoup plus angoissant que d'être seul en pleine cambrousse ou au milieu du désert »[100].

---

98. « Alain Souchon : il chante un baiser », France Inter, 28 juillet 2007.
99. « Bonus Track », RTL, 10 juin 2021.
100. « Alain Souchon : il chante un baiser », France Inter, 28 juillet 2007.

L'homme est un animal social. C'est donc dans la nature humaine de créer des interactions avec les autres pour survivre. Ceux qui se sentent exclus de la société souffrent de cette mise à l'écart. « Le problème de notre passage sur Terre, ce sont les gens, ce sont les autres. On a envie d'être en rapport avec eux, d'être reliés, de parler, d'être aimé, de faire l'amour, d'aimer, de s'embrasser, mais notre problème, ce sont les autres. Quand ça ne passe pas, quand on n'arrive pas à embrasser quelqu'un, on est malheureux… L'important de notre passage sur Terre, ce sont les autres car, sans les autres, un homme n'existe pas. Dans “La p'tite Bill” et “Ultra moderne solitude”, il manque le contact avec les autres, et quand il ne se fait pas, on est mal.[101] » « Pourquoi ces rivières/ Soudain sur les joues qui coulent/ Dans la fourmilière/ C'est l'ultra moderne solitude. »

Sans cesse à la recherche de formules originales afin de capter de belles images en peu de mots, Souchon est heureux d'avoir trouvé pour titre « Ultra moderne solitude ». « J'ai le souci de l'efficacité de la formule. J'aime les formules, les aphorismes, j'aime condenser, prendre des mots qui ne vont pas ensemble et les juxtaposer, pour donner quelque chose de nouveau. A priori, “ultra moderne” et “solitude”, cela ne va pas ensemble, mais en les raccrochant, on a une formule qui décrit bien ce qu'on veut dire. C'est jouissif à trouver. Je cherche ce plaisir-là en écrivant. Mais c'est très rare que ça vienne comme une fulgurance. J'en trouve de temps en temps une sans y faire attention, mais si je m'assieds à un bureau en me disant “Il faut que je trouve une formule”, je ne vais pas la trouver. C'est en marchant dans la rue ou en disant bonjour à quelqu'un que, d'un seul coup, ça me vient.[102] »

101. *Chorus*, été 2005.
102. *Ibid.*

Dans ce morceau comme dans les autres titres de l'album, Alain Souchon choisit d'épurer son écriture : « Dans "Ultra moderne solitude", je n'ai pas cherché de fioritures. J'aime que les mots participent au mouvement de la vie, que les codes de langage se modifient...[103] » L'auteur confie également ne pas vouloir « ronronner dans un style un peu compliqué »[104]. Pour ce faire, il choisit la simplicité et n'a mis dans la chanson aucun jeu de mots, sa quête étant la recherche du « petit frisson qui fait vibrer les grands moments »[105].

Souchon ne s'en cache pas : avec « Ultra moderne solitude », il pense avoir écrit la chanson idéale, « un truc profond, pour tous les gens de la planète »[106], portée par la mélodie très mélancolique de Laurent Voulzy. À sa sortie, pourtant, cette chanson ne reçoit pas l'accueil enthousiaste escompté par l'auteur : « Je croyais avoir écrit la chanson parfaite et les gens l'ont trouvée emmerdante.[107] »

Visionnaire, le chanteur était, par définition, en avance sur l'air du temps. Considérée comme l'un des fléaux du XXIe siècle, l'épidémie de solitude est désormais reconnue comme un problème de santé publique.

---

103. *Le Monde*, octobre 1988.
104. *Télérama*, 1988.
105. *Ibid.*
106. *Notes*, le journal de la Sacem-SDRM, mai-juin 1994.
107. *Ibid.*

« LES CADORS »

DERRIÈRE LES BARREAUX

En 1988, Alain Souchon accepte de donner un mini concert dans la prison de Saint-Maur, à une poignée de kilomètres de Châteauroux, dans le département de l'Indre. La rencontre avec les détenus le touche au point d'en faire une chanson, dont il signe paroles et musique.

La prison de Saint-Maur, ouverte en 1975, est l'une des six maisons centrales existantes sur le territoire français. Cette prison de haute sécurité accueille des détenus condamnés à de longues peines ou ceux ayant peu de chances de se réinsérer dans la société. Cet établissement abrite le plus grand quartier d'isolement de France, avec un régime de détention essentiellement axé, donc, sur la sécurité.

Un an avant la venue d'Alain Souchon, la prison a été le théâtre d'une mutinerie. Les 12 et 13 novembre 1987, la quasi-totalité des quatre cent sept détenus prend douze personnes en otage : le directeur de la prison, neuf surveillants et deux enseignants. Les prisonniers mettent de surcroît le feu dans l'ensemble de la centrale, provoquant des dégâts considérables. Le vendredi 13, les otages sont libérés sains et saufs grâce à un journaliste qui a servi de médiateur à la demande du ministre de l'Intérieur, du ministre de la Sécurité publique et du préfet.

Douze ans auparavant, en 1975, c'est un événement plus festif qui s'était déroulé dans son enceinte. Le réalisateur Philippe Labro y avait mis en boîte quelques scènes spectaculaires de son film *L'Alpagueur*, avec Jean-Paul Belmondo jouant un chasseur de primes dans le rôle principal.

Pour Souchon, épris de liberté et de longues marches quotidiennes, chanter dans le centre de détention puis s'en aller alors que les spectateurs d'un jour sont condamnés, eux, à rester enfermés – certains pour toute la vie – le déstabilise quelque peu.

Après son concert, il reçoit quelques lettres de prisonniers le remerciant de sa venue et du moment d'évasion offert en chansons. Un courrier le marque plus que les autres : celui d'un homme particulièrement révolté qui en veut à tous ceux qui tirent les ficelles, aux « cadors » qui ne sont jamais inquiétés, contrairement à lui et à ses camarades. Il dénonce ainsi les traitements de faveur dont bénéficient les détenus célèbres de la prison et confie également à Souchon que les dés sont pipés dès le départ puisque les commanditaires tombent rarement, laissant payer les secondes mains.

Pour montrer aux détenus que sa visite en prison ne l'a pas laissé indifférent, qu'il ne les a pas oubliés, la porte passée, il leur consacre une chanson dans laquelle il reprend le terme « cador » dans son titre. « J'ai été frappé, étant allé chanter dans une prison à Châteauroux, par les mecs qui étaient là depuis trente ans. À part quelques salopards, ce sont des mecs souvent un peu bêtes que la vie emporte à tuer des gens, alors que beaucoup de malfaiteurs ont l'intelligence de ne pas se faire prendre ou de ne pas commettre la connerie qui fait que la vie est foutue. On devient un assassin ou un bandit de grand chemin par une espèce de manque de cervelle qui est émouvant. Il y a là une injustice qui m'avait frappé.[108] »

La question du déterminisme taraude Alain Souchon. Il ne croit pas à la devise de la France : Liberté, Égalité, Fraternité. Pour lui, l'égalité est un mensonge. Tout le monde n'a pas les mêmes armes à la naissance. Selon la famille et le quartier dans lesquels on naît, la vie ne s'annonce pas sous les mêmes auspices. « J'ai réalisé à quel point j'avais de la chance de ne pas y être. Je suis toujours frappé à l'idée qu'il y a tant de gens en prison. Ils y apprennent la haine et la débrouille, mais c'est tout. Mais enfin ne pourrait-on pas, de nos jours, leur enseigner autre chose ? Tout le monde sait bien que l'avenir de l'homme et sa liberté passent par la culture, les livres, la poésie, l'image. Le progrès ne peut venir que de là. Quant aux "gagneurs", ils ne devraient pas oublier que si 75 % de gens vivent avec le strict nécessaire, il en reste un sacré paquet sur la touche. Il faut apprendre à bien se conduire avec ceux-là. J'ai compris en tout cas qu'il n'y avait aucune vanité à tirer au fait d'être sur le bon et le droit chemin.[109] »

« Le garde des sceaux, les gangstifs/ C'est kif-kif… » Pour Alain Souchon, la frontière entre le bien et le mal semble ténue. Au contact de prisonniers, il comprend qu'il suffit quelquefois d'un rien pour basculer dans la délinquance. Il a confirmation également de la complexité de l'être humain. Comment oublier ce détenu qui connaissait l'intégrale des *lieder* (chants) de Schubert, mais qui avait refroidi cinq

108. *Chorus*, été 2005.
109. *Alain Souchon, le rebelle en douce*, Richard Cannavo, éditions JC Lattès, 1998.

personnes sans sourciller ? « Des mains font des vers à lire/ D'autres des revolvers qui tirent. »

Côté écriture, Alain Souchon peaufine son style en donnant dans l'art de l'ellipse. Dans « Les Cadors », il n'hésite pas à abandonner les verbes, les conjonctions et, certaines fois, des groupes de mots pour imposer un rythme et une construction qui diffèrent de la chanson traditionnelle. Dans les vers « Le même goût du chaud soleil/ Le nez, la bouche, les oreilles », il préfère suggérer son propos par une succession d'images, laissant la liberté au public de faire le plein de sensations.

« QUAND J'SERAI K.O. »

GAGNER LE DERNIER COMBAT

En 1988, alors qu'il fête ses 44 ans, Alain Souchon se glisse dans la peau d'un chanteur sur le déclin. Une œuvre de pure fiction : la chanson est un succès et la relève est loin d'être assurée !

Alain Souchon aime s'asseoir au piano pour jouer du *ragtime*. C'est lors de l'une de ses improvisations qu'il trouve la couleur musicale très années trente de « Quand j'serai K.O. » Ce *foxtrot* lui inspire l'un de ses plus beaux textes. Souchon se penche sur le temps qui passe. Cette angoisse est récurrente, au point de friser l'obsession. « Je ne m'étais pas rendu compte en le faisant que c'était comme un "When I'm Sixty-Four" des Beatles, sauf que moi, je ne parle pas seulement d'un homme, mais d'un chanteur qui s'inquiète. Est-ce que tu m'aimeras encore quand je n'aurai plus de succès, quand je ne serai plus ce gadget amusant qu'on voit briller sur les scènes ? Quand je ne serai plus comme ça, est-ce que tu m'aimeras encore ? C'est une inquiétude légitime.[110] »

« Quand j'serai K.O. » s'adresse à son épouse Françoise. Même si elle l'a aimé avant qu'il ne soit célèbre, lirait-il autant d'admiration dans son regard si, un jour, il tombait de son piédestal ? Quand il ne sera rien « qu'un chanteur de salle de bains », pourra-t-elle se passer de la vie confortable qu'il lui a offerte ? Aura-t-elle envie de préserver l'essentiel : leur amour ? « Est-ce que tu laisseras/ Ta main, sur ma joue, posée comme ça ?/ Est-ce que tu m'aimeras encore/ Dans cette petite mort ? »

Par ricochet, « Quand j'serai K.O. » s'adresse également au public qui peut être versatile parfois, risquant de le délaisser, attiré par ses successeurs « plus beaux et plus forts » que lui.

La chanson s'attarde aussi sur la difficulté, pour un chanteur, à réussir sa sortie. Si un sportif de haut niveau est rappelé à l'ordre par les limites de son corps, pour un chanteur, il est plus difficile d'identifier le bon moment pour tirer sa révérence. Cette petite mort, ce dernier orgasme, ce chant du cygne, Alain Souchon le redoute au point d'y songer depuis ses débuts. À chaque sortie de nouvel album, les mêmes tourments l'étreignent. Il a une peur bleue de ne plus être aimé. Dans son for intérieur, il est convaincu qu'il suffit d'une mauvaise chanson pour que sa carrière s'écroule comme un château de cartes. Être rejeté par le public, rater sa sortie est l'une de ses hantises. « Si jamais je me plantais sur un album, je m'arrêterais sans doute. Je serais très triste, très malheureux. Je ne sais pas ce que je ferais, mais, en fait, je ne pourrais pas faire autre chose...[111] »

110. « Alain Souchon : il chante un baiser », France Inter, 28 juillet 2007.
111. « Fréquenstar », M6, 1993.

Et plus cette tendre aventure avec le public dure, plus l'idée d'une séparation forcée est cruelle. Il faut savoir quitter la scène sans abîmer son œuvre, partir avant de devenir sa propre caricature. Saura-t-il trouver cette force de caractère en lui ? La question le tourmente. « J'étais allé voir Charles Aznavour, Charles Trenet à la fin. J'ai trouvé ça lamentable. Ils ne devraient pas se montrer comme ça. Ce sont tellement des génies, ces gens, que de les montrer diminués comme ça… Ils chantaient mal. J'ai peur que, pour moi, ça fasse pareil.[112] »

Il envie quelquefois Jean-Jacques Goldman qui a su quitter la scène avec brio, conservant entier l'amour du public. « S'arrêter en pleine gloire, il faut de la sagesse. C'est un métier qui vous rend un peu foufou, un peu content de vous, un peu bête… Je trouve ça passionnant, d'être chanteur, je trouve ça passionnant, de sortir de ma timidité, d'aller m'exhiber et qu'il y ait un rapport d'amitié, réellement d'amitié, entre les gens qui viennent me voir chanter et moi, et, en même temps, je trouve cela hystérique et fou d'aller se montrer devant tout le monde comme si c'était intéressant. Il y a mon côté intellectuel que ça gêne, qui trouve ça idiot, et puis, en même temps, j'aime bien… Ça vous porte, ces espèces de vagues…[113] »

Issue de l'album *Ultra moderne solitude*, la chanson « Quand j'serai K.O. » offre à Alain Souchon le seul tube de l'opus. « Moi, j'aime bien toutes les musiques. Je suis touché par la chanson française qui raconte des histoires émouvantes. Quand Léo Ferré chantait "Vingt ans", cela me faisait quelque chose. Quand j'étais jeune, je trouvais que les musiques, c'était extrêmement important, c'est ce

112. « RTL Matin », RTL, mai 2021.
113. « Alain Souchon : une heure en tête-à-tête », *Télérama*, 17 octobre 2019.

qui attirait l'oreille, mais si, après, les paroles, c'était juste "Je t'aime, chérie, reviens, *come back, baby, please*", je trouvais ça moyen. J'ai toujours été attiré par des chansons qui racontaient toujours des trucs un peu sophistiqués.[114] »

Typique du style Souchon, mêlant des paroles en anglais à des paroles en français sur une mélodie aux rythmes désuets, « Quand j'serai K.O. » reçoit le prix de la chanson de l'année aux Victoires de la musique 1990.

Lors de la quarante-sixième cérémonie des César, qui s'est déroulée à l'Olympia le 12 mars 2021, Alain Souchon fait une apparition remarquée en venant chanter « Quand j'serai K.O. », accompagné par un orchestre, par Benjamin Biolay au piano et par Pierre Souchon, son fils aîné, à la guitare et dans les chœurs. Un bijou d'élégance, comme pour signifier que le temps des adieux n'est pas pour demain.

114. « Bonus Track », RTL, 10 juin 2021.

« LA BEAUTÉ D'AVA GARDNER »

TRANQUILLES NAUFRAGES

« La beauté ne se discute pas, elle règne de droit divin. Elle fait prince quiconque la possède. » Souchon fait sienne cette maxime d'Oscar Wilde et rend un hommage appuyé à l'actrice américaine Ava Gardner qui la symbolisa dans les années cinquante.

L'inspiration d'une chanson vient quelquefois à Alain Souchon au détour d'une conversation. C'est le cas de « La Beauté d'Ava Gardner ». « Nick Patrick, avec lequel je travaillais en Angleterre pour faire l'album *Ultra moderne solitude*, habitait à côté de chez Ava Gardner, qui n'était pas morte à l'époque. Il voyait ce qu'elle était devenue… Elle ne ressemblait plus à ce qu'elle avait été car elle avait un peu profité de la vie, elle avait fait la folle, elle avait aimé beaucoup de gens, bu beaucoup de bouteilles d'alcool… Elle promenait son chien, et c'était triste à voir. Peut-être qu'elle était heureuse, mais certainement pas.[115] »

115. « En avant la zizique », France Inter, 16 novembre 1994.

Le producteur et arrangeur anglais lui raconte aussi cette anecdote qui circule dans tout Londres. Un jour qu'elle promène son chien, dans le quartier de Westminster où elle vit, Ava Gardner éclate de rire et demande à sa dame de compagnie : « Est-ce qu'on t'avait dit que cela se terminerait ainsi ? » Et la dame de compagnie de s'esclaffer à son tour, répondant : « Non, jamais, jamais, jamais… »

Il est loin le temps où, dans la peau de Maria Vargas, l'héroïne de *La Comtesse aux pieds nus*, film de Joseph L. Mankiewicz, sorti sur les écrans en 1954, Ava Gardner confiait : « Je crois que je suis belle, mais je ne veux pas n'être qu'une star. Si je pouvais apprendre à jouer, m'aideriez-vous à devenir une bonne actrice ? »

Cette comtesse aux pieds nus qui lui ressemble tant lui permet de devenir l'une des étoiles les plus étincelantes d'Hollywood. Que de chemin parcouru pour la petite fille pauvre de Grabtown, en Caroline du Nord, qui a grandi dans les plantations de tabac ! Quelle revanche, pour celle dont on raillait, à ses débuts, l'accent du terroir du Sud trop prononcé ! Archétype de la femme fatale au cinéma, Ava Gardner collectionne les amants célèbres et traîne une réputation de briseuse de ménages : Mickey Rooney, Artie Shaw, Clark Gable, Frank Sinatra, Robert Taylor, Robert Mitchum, Howard Hughes ou encore Luis Miguel Dominguín, fameux torero espagnol.

Malgré tant de conquêtes prestigieuses, elle finit sa vie en solitaire, dans un appartement londonien, si loin de son pays et du milieu du cinéma. Cette réflexion conduit Alain Souchon à se pencher une nouvelle fois sur la course effrénée de cette horloge qui nous assassine à chaque tour de cadran. « Je voulais parler du temps qui passe, et j'ai pris comme exemple l'une de ces femmes qui ont fait rêver la planète et sur laquelle le temps s'est acharné. [...] Ces femmes que tout le monde regardait, que tout le monde désirait, dans la période après-guerre. Maintenant, c'est fini, il n'y en a plus. C'était des sex-symbols, des pin-up dont on accrochait les photos un peu partout »[116].

Souchon est aussi effrayé que fasciné par les affres du temps. Le visage d'Ava Gardner est le témoin parfait du passage des années ravageuses. Dorian Gray a la chance d'avoir, dans un grenier, un portrait qui vieillit à sa place. Les actrices, elles, se flétrissent dans la vraie vie et sont renvoyées sans cesse au linceul éclatant de leur beauté gravée sur pellicule.

Alain Souchon trouve vertigineux que rien d'humain ne dure, mais encore plus cruel qu'avant de disparaître tout soit voué à être abîmé. La beauté est une arme, la beauté est un pouvoir. Pour une actrice de la trempe d'Ava Gardner, il est très déstabilisant d'en être dépossédée. « En perdant la beauté, petite ou grande, on perd tout. La jeunesse est le seul bien qui vaille », soulignait Oscar Wilde, auteur du *Portrait de Dorian Gray*. « Ava Gardner, c'est quelqu'un sur qui le temps a fait beaucoup de travail, c'est terrible. Elle picolait trop, elle fumait trop, donc cela l'avait beaucoup démolie. C'est assez émouvant, une femme si belle démolie par la cigarette et l'alcool... C'est pour ça que je l'ai prise comme exemple.[117] »

Sur une musique qu'il a composée seul au piano et dont il n'est pas peu fier, Alain Souchon chante la beauté d'Ava Gardner qui se volatilise et qui traduit la lutte perdue d'avance que livrent les hommes contre la fuite du temps. Souchon sublime l'éphémère, comme pour retenir un peu

116. *Ibid.*
117. « Champs-Élysées », Antenne 2, 31 mars 1990.

plus longtemps les souvenirs heureux d'une vie qui, au même titre que les plus cruels, finissent emportés par les flots tumultueux. « J'aime les hommes qui sont c'qu'ils peuvent/ Assis sur le bord des fleuves/ Ils regardent s'en aller dans la mer/ Les bouts de bois, les vieilles affaires/ La beauté d'Ava Gardner. »

Alain Souchon se sent désemparé face aux règles du jeu de l'existence. « On est surpris de ce qui se passe, par rapport à ce qu'on imaginait, enfant : des histoires de liberté, d'aventures, etc. Puis, quand on y est vraiment, c'est un peu moins bien qu'on pensait. La vie se montre décevante parfois, alors on fait ce qu'on peut. Ce n'est pas la peine de donner une image de gagnant. On gagne quoi ?[118] »

Empreint d'une saudade, définie par le Larousse comme « un sentiment de délicieuse nostalgie », Alain Souchon décrit la quête de l'homme, qui est de retrouver, toute sa vie, « les choses premières », les sensations de l'enfance. « J'aime les regretteurs d'hier/ Qui trouvent que tout c'qu'on gagne, on l'perd/ Qui voudraient changer le sens des rivières/ Retrouver dans la lumière/ La beauté d'Ava Gardner. »

« C'est l'Inquiétude, avec un *i* majuscule. Cette jeunesse qui s'en va, c'est désespérant. Ça me turlupine. De Lamartine à Eddy Mitchell, tout le monde a fait des chansons sur le thème du temps qui passe. Pour moi, la plus belle, c'est "Le 22 septembre" de Georges Brassens. Il dit, en gros : "Longtemps, j'ai versé des larmes à l'anniversaire de notre séparation, de ton départ. Mais, maintenant, le temps a passé et je n'ai même plus de peine." Il termine en disant : "Et c'est triste de n'être plus triste sans vous..." C'est magnifique, non ?[119] »

118. *Le Soir*, 14 novembre 1990.
119. *Chorus*, été 2002.

La chanson « La Beauté d'Ava Gardner » figure dans un premier temps sur la face B d'« Ultra moderne solitude », premier single de l'album du même nom paru en 1988. Mais, face au plébiscite du public, Alain Souchon décide de la sortir en face A d'un nouveau single – sans face B – avec, au recto de la pochette, une sublime photographie de l'actrice au temps de sa splendeur !

Le 25 janvier 1990, dans sa résidence londonienne, au 34 Ennismore Gardens, Ava Gardner rend son dernier souffle, à l'âge de 67 ans. « Je suis tellement fatiguée » sont ses derniers mots.

« FOULE SENTIMENTALE »

J'AI, DONC JE SUIS !

« Tu écris sur ton nombril, mais un jour, tu parleras des autres. Ça viendra tout seul, tu verras », glisse Georges Brassens à Alain Souchon, alors jeune artiste, dans les coulisses d'une émission de télévision. Près de vingt ans après sa conversation avec le poète sétois, Alain Souchon écrit « Foule sentimentale », chanson intemporelle, devenue l'hymne de tout un peuple.

« J'ai attrapé une idée dans l'air avec mon filet à papillons. Cette idée, comment la définir ? Je dirais que c'est une angoisse sourde qui existe chez tout le monde, une vague conscience de nos contradictions. Regardez par exemple cette frénésie de consommation qui s'empare de nous à Noël. Bien sûr, c'est sympa d'acheter des cadeaux pour ceux qu'on aime, mais on éprouve à un moment ou à un autre comme une nausée face à l'amoncellement d'objets empaquetés.[120] » Pendant la période des fêtes de fin d'année, lors de ses balades pédestres dans Paris, Alain Souchon a des haut-le-cœur en passant devant les vitrines qui dégoulinent de tentations en tous genres. Pour lui, le doute n'est pas de mise, ce trop-plein sert à remplir un vide. « Je suis dans le présent. Je ressens mon époque. Quand j'ai écrit "Foule sentimentale", on a cru que j'avais fait un truc génial… En fait, simplement, j'écoute, je regarde. Et je ressens que les gens ne sont pas heureux dans ce monde, dans cette hyperconsommation. Les filles achètent trop de fringues… Il y a un truc de maladie, de tristesse, je suis sûr de ça. Je suis privilégié, j'ai une vie extraordinaire qui me permet de ne pas être pris dans le tourbillon, d'être retiré du monde rentable. Mais seul, on n'est rien. Les autres, c'est notre raison d'être. Regarder, écouter les autres, c'est toujours intéressant.[121] »

« Aïe, on nous fait croire/ Que le bonheur, c'est d'avoir/ De l'avoir plein nos armoires/ Dérisions de nous dérisoires », chante Alain Souchon, trouvant que « cette course pour avoir plein de choses, une grosse voiture, une grande maison, ça nous enveloppe et ça nous étouffe. Quand j'étais jeune, je voulais être chanteur, je rêvais amitié, amour, musique, je ne pensais pas argent »[122]. Il est convaincu que le système économique crée cette frénésie consommatrice pour instaurer une dépendance et domestiquer le citoyen. Réduire l'être humain au statut de consommateur, c'est anesthésier sa pensée. « Pour qu'une société bancale tourne, il faut consommer. Les consommateurs devraient cesser de râler et planquer leurs porte-monnaie, ce serait une vraie

---

120. *Alain Souchon, une vie à travers ses chansons*, Ludovic Dormion, Éditions Larousse, 2005.

121. *Télérama*, 27 septembre-3 octobre 2008.

122. *L'Express*, 2 juillet 2014.

révolution car tout s'arrêterait. Je sais, le raisonnement est un peu enfantin, mais il existe forcément une façon de lutter contre les slogans du genre "Le bonheur, c'est de rouler en BMW".[123] »

En choisissant le thème du consumérisme, Alain Souchon a trouvé un angle singulier pour sa chanson. Reste à le développer. « Je venais d'écouter les infos à la radio. J'étais entre colère et déception. Je voulais écrire une chanson pour dire que le monde était triste, qu'on vivait une ère de vide et d'hyperconsommation, et j'ai trouvé les mots "foule sentimentale". Parce qu'on nous prend pour ce qu'on n'est pas.[124] »

Telle est la quête de Souchon : assembler des mots qui ne vont pas forcément bien ensemble, mais qui déclenchent des images significatives dans l'inconscient collectif. « Un peu comme j'avais trouvé "Ultra moderne solitude", qui me paraissait un agencement de mots assez malicieux pour traduire quelque chose de particulièrement indicible, j'ai trouvé cette formule, "foule sentimentale", une association contradictoire, presque paradoxale, le mot sentimental évoquant quelque chose de personnel. J'ai trouvé aussi des bribes de la chanson, comme "Il faut voir comme on nous parle". J'étais tout excité, exalté.[125] »

Pour Souchon, la chanson française demeure, par ses racines, une exception culturelle. « C'est un truc très particulier. Pour toutes les chansons dans le monde, il faut que l'air vous accroche et vous embarque, mais en France, on est plus exigeant. On veut que les paroles aient un sens et vous

123. *Le Figaro*, octobre 1993.
124. *Le Figaro*, 19 juillet 2011.
125. *Chorus*, été 2007.

embarquent aussi. On est plus exigeant parce qu'on vient des troubadours qui racontaient des histoires d'une manière poétique sur de la musique. Il faut donc que le texte soit assez chargé et assez fort. J'aime bien écrire des chansons, j'aime bien triturer les mots. Rien ne me rend plus heureux que si je trouve une phrase qui me plaît. Le soir, j'ai faim, je suis content et je dors bien.[126] »

« De la musique avant toute chose », soufflait Paul Verlaine dans « Art poétique », poème qui a bercé la jeunesse d'Alain Souchon. « Les mots doivent être de la musique au départ. C'est d'ailleurs en écoutant les chansons de Brassens que j'ai compris que j'avais envie de ça. Brassens faisait beaucoup d'allitérations. Ça fait sonner. “On nous prend faut pas déconner dès qu'on est né/ Pour des cons alors qu'on est.” Avant d'être mis en musique, les mots doivent être musique.[127] »

Souchon use également du *name dropping* et choisit deux figures emblématiques de l'époque pour illustrer son propos. Deux tristes modèles, selon le chanteur. L'image de Claudia Schiffer lui est venue immédiatement, représentant le symbole parfait de la superficialité. « Ce n'est pas ce joli mannequin qui est en cause, c'est ce que la société en fait. Un être humain, ce n'est pas qu'une bouche et des guibolles. Si tu as de longues jambes, autant faire chevreuil ! Schiffer et Sulitzer, c'est le vide du monde, le vivre-rien. Je vais passer pour un vieux con, mais il me semble me souvenir que les jeunes gens ont longtemps admiré Jeanne Moreau, Catherine Deneuve… Aujourd'hui, les gamines veulent toutes être top-models : il y a quelques années, elles rêvaient d'être actrices… Je comprenais mieux leur fascination pour Adjani,

126. « Comme on nous parle », France Inter, 12 janvier 2012.
127. « Sur la route », France Inter, 20 juillet 2008.

pour des filles qui prennent des risques, disent des choses intéressantes.[128] »

Paul-Loup Sulitzer est donc la deuxième personnalité épinglée dans la chanson. Au-delà de la rime Schiffer-Sulitzer, Souchon trouve que l'homme d'affaires et écrivain « a le talent de faire de l'argent, mais c'est un peu vide de ne penser qu'à ça ». Flatté d'être cité par Souchon, y voyant même une consécration, mais vexé de l'être dans ces circonstances, Sulitzer reproche au chanteur une « philosophie de bazar », argumentant que l'artiste préfère s'attaquer à des images iconiques plutôt qu'aux vrais maux de la société, tels que « le sida, le Front national, le racisme, les différents conflits mondiaux et le chômage ». Apprenant que Paul-Loup Sulitzer a lui aussi perdu très jeune son père, Alain Souchon ne citera plus son nom et laissera un blanc à la place.

Claudia Schiffer, quant à elle, a été remplacée dans les années 2010 par Kim Kardashian, symbole absolu du vide, nouvelle génération. Ce « remplacement » renvoie à une discussion entre Alain Souchon et Francis Cabrel, en présence de Laurent Voulzy, qui s'est tenue dans le château de Sucé-sur-Erdre, en Loire-Atlantique, en octobre 1996. Ayant délocalisé en pays nantais ses « Rencontres d'Astaffort » – association permettant la rencontre de jeunes auteurs-compositeurs-interprètes venus de la France entière en vue d'écrire des chansons ensemble et de les présenter sur scène –, créées en 1994, Francis Cabrel convie Alain Souchon et Laurent Voulzy, venus en voisins, à un échange de plus de deux heures avec les jeunes stagiaires. Les questions fusent. L'une d'elles concerne la figure de style du *name dropping*. Si Alain Souchon y est évidemment favorable, argumentant que l'évocation d'un nom célèbre ramène immédiatement à une époque, à un contexte, Francis Cabrel y est farouchement

128. *Télérama*, septembre 1993.

opposé. Pour lui, aucun élément ne doit dater une chanson, au risque de la rendre obsolète les années passant. Un peu moqueur, il lance à Souchon : « Tu verras dans vingt ans, personne ne se souviendra plus de Claudia Schiffer ni de Paul-Loup Sulitzer ! »

Pour la musique de « Foule sentimentale », Alain Souchon se débrouille en solo. Mais c'est pourtant à Laurent Voulzy qu'il doit les premiers accords. « J'étais sur le bord de la Marne. J'attendais Laurent. Comme d'habitude, il était en retard. Je me creusais la tête pour trouver des arrangements. Surprise ! Les riffs sont arrivés. J'avais trouvé un truc magique, une suite d'accords énergiques qui collaient à mon texte, ce jeu antinomique sur notre drôle de vision du monde.[129] »

Quand Voulzy arrive enfin, Souchon ne lui dit rien. En rentrant chez lui, pour ne pas oublier le début de la mélodie, il prend la première guitare qui lui tombe sous la main, en l'occurrence la guitare jouet de son fils Charles. Les quatre premiers accords sont là et la suite de la musique vient naturellement. Pour la composer, il avoue s'être inspiré d'une de ses idoles, le guitariste des Rolling Stones, Keith Richards, qu'il admire depuis toujours. « Réussir une chanson, pour moi, c'est qu'elle ait un aspect sympa, gai, qu'on ait envie de bouger, et qu'en même temps elle dise des choses un peu graves. Sans ça, cela ne vaut pas le coup.[130] »

Le moment venu, il fait écouter « Foule sentimentale » à Laurent Voulzy. « Quand je fais des musiques tout seul, en général, il lève les yeux au ciel. Pour "Foule sentimentale", je lui dis : "Je crois que j'ai trouvé un truc." Il écoute et

129. *L'Express*, 2 juillet 2014.
130. « Le Cercle de minuit », France 2, 1993.

s'exclame : "Putain, c'est un tube." Venant de lui, ça m'a fait plaisir.[131] »

L'arrangement pointu de Michel Cœuriot, avec les guitares en introduction amenant le texte, finit par donner sa couleur musicale définitive à « Foule sentimentale ».

Comme Voulzy, la maison de disques de Souchon pense que le titre est un tube en puissance. « Je ne comprenais pas l'engouement, je pariais plus sur "Sous les jupes des filles". C'est marrant, on écrit une chanson et elle s'envole, elle vous quitte.[132] »

Avec son obsession de la concision, Alain Souchon emprisonne en une phrase l'air du temps et en dit plus en une chanson, sans avoir l'air d'y toucher, qu'un hermétique rapport psychosociologique sur le sujet. « Je compare mon travail avec celui du photographe, et quand j'écris "Foule sentimentale", c'est une photographie du monde, les gens s'y sont retrouvés, il faut avoir ça, il faut avoir ça, c'est épouvantable ! Qu'il y ait une chansonnette qui dise "Faites attention, le bonheur, plus les coquelicots que les Porsche", ça leur a plu.[133] »

Sur l'album *C'est déjà ça*, aux côtés de « Foule sentimentale », figure « Sans queue ni tête », un titre dont la musique est signée Laurent Voulzy et avec lequel Souchon enfonce le clou. Une chanson quelque peu loufoque pour dénoncer les comportements contradictoires et absurdes de l'être humain : « On aime les gens et on les tue : pan !/ Ah oui, vraiment, l'amour est amusant/ Les vaches qu'on aime, on les mange quand même/ Ah oui, vraiment, l'amour, c'est tout un système. »

---

131. « Alain Souchon : une heure en tête-à-tête », *Télérama*, 17 octobre 2019.
132. *L'Express*, 2 juillet 2014.
133. « Alain Souchon, 50 ans de chanson », BFMTV, 4 novembre 2022.

Mais la véritable petite sœur de « Foule sentimentale » reste « Putain ça penche », parue sur l'opus *La Vie Théodore* douze ans plus tard. « C'est une chanson que j'aime bien. C'est une liste de toutes les marques, Reebok, Chanel, etc. Et puis, de temps en temps, il y a un break qui dit "Putain ça penche, on voit le vide à travers les planches". On imagine toute une civilisation qui danse sur un truc branlant. On voit le vide à travers les planches en dansant. Je vois le monde comme ça, alors j'en ai fait une chanson et elle n'a eu aucun écho.[134] »

« Foule sentimentale » semble donc indétrônable dans le cœur du public et dans le répertoire d'Alain Souchon. Elle est primée à deux reprises : elle reçoit le prix de la meilleure chanson de l'année aux Victoires de la musique 1994 et celui de la chanson des vingt dernières années aux vingtièmes Victoires de la musique, en 2005.

En concert, dès les premières notes, cette foule si sentimentale s'enflamme. L'interprétation de l'artiste se fait moins neutre au fil des années. Lors de la tournée *Ici & là*, en 2020, il termine la chanson quasi *a cappella*, scandant « Il faut voir comme on nous parle » comme un tribun.

134. « Comme on nous parle », France Inter, 12 janvier 2012.

« L'AMOUR À LA MACHINE »

SENTIMENTS LESSIVÉS

Si, en 1990, pour Jean-Jacques Goldman, la sanction est sans appel – l'amour sans passion, « C'est pas d'l'amour » –, Alain Souchon, lui, s'attelle en 1993 à une tâche d'envergure : débarrasser l'amour au quotidien de sa grisaille.

C'est en marchant dans la campagne tourangelle que l'idée de « L'Amour à la machine » vient à Alain Souchon. « Je marche en tentant de me souvenir des phrases musicales et des expressions, puis j'essaie de creuser. "Passer l'amour à la machine pour retrouver les couleurs d'origine" : quand j'ai trouvé cette formule, j'étais fier. C'est un peu de la poésie, pour moi, c'est-à-dire mêler des choses très prosaïques aux tourments de l'âme, du cœur. Lorsque j'ai trouvé l'expression, ensuite ça devient du travail.[135] »

135. *Globe*, février 1994.

En voulant symboliquement passer l'amour dans le tambour de la machine à laver, Alain Souchon souhaite le débarrasser du voile terne qui l'a recouvert au fil des années. L'amoureux part à la reconquête d'un paradis perdu. Celui des prémices de l'amour, du cœur qui bat la chamade au premier rendez-vous, du vertige lors du premier baiser et de l'euphorie provoquée par la découverte de l'autre.

Ces six premiers mois de relations intimes, qu'en psychologie on nomme « la lune de miel », mettent les protagonistes dans un état « d'enchantement », leur donnant l'impression de marcher sur l'eau et d'être devenus intouchables. Ces états sont liés aux sentiments, certes, mais, quitte à décevoir les plus romantiques, la chimie est aussi de la partie à travers les hormones.

Initiatrice de l'état amoureux, la sérotonine est très active lors des premiers temps de l'amour. Elle provoque un état obsessionnel qui rend impossible de chasser l'être aimé de ses pensées. L'amoureux navigue dans une espèce d'ambiance ouatée, sans se départir d'un sourire qui lui donne un air aussi touchant que niais. Dès que la relation est plus avancée, la dopamine prend la place de la sérotonine. Associée au dopage, cette hormone provoque, entre autres, l'excitation, le désir, et donne l'impression de pouvoir soulever des montagnes, dans un seul objectif : être avec la personne aimée.

Cet absolu est la quête du héros de la chanson. Il veut retrouver à la fois la pureté d'un amour naissant – « Est-ce qu'on peut ravoir à l'eau de Javel/ Des sentiments/ La blancheur qu'on croyait éternelle/ Avant » – et les couleurs vives de la passion, alors que « le soleil de la vie les tabasse ».

Alain Souchon évoque le peintre Henri Matisse, à l'origine du fauvisme, qui avait un goût très prononcé pour la couleur. Le texte fait allusion aux œuvres *Nus bleus* et *La Desserte rouge* : « Matisse, l'amour, c'est bleu difficile/ Les caresses rouges fragiles. » Contrairement à l'amour, les couleurs des tableaux de grands maîtres sont quasi inaltérables.

Souchon choisit Matisse car le peintre s'est également attaché à illustrer les poèmes de Ronsard, Baudelaire, Mallarmé et Charles d'Orléans. Ces poètes que Souchon vénère depuis l'enfance ont le point commun d'avoir écrit sur le temps qui passe.

Publiée sur l'album *C'est déjà ça* en 1993, « L'Amour à la machine » cohabite avec une autre chanson écrite par Souchon sur le même thème, « Le Zèbre », sur une musique de Jean-Claude Petit. Le titre figure dans la bande originale du film du même nom, réalisé par Jean Poiret d'après le roman d'Alexandre Jardin.

Le personnage principal, Hippolyte Pécheral dans le film ou Gaspard Sauvage dans le livre, surnommé « le Zèbre », n'accepte pas l'idée de la passion qui décline. Marié à Camille depuis quinze ans, il use de stratagèmes pour raviver l'ardeur des premiers instants de leur liaison. Il refuse catégoriquement que le temps ait modifié la nature de leur relation. Loin de se résigner, il part à la reconquête de sa femme avec une seule idée en tête : redevenir son amant. « Il se déguise et il te ment/ Il met la main sous tes vêtements/ C'est quelqu'un d'autre et cette nouveauté/ Rend ta joue plus colorée/ C'est quelqu'un d'autre, et pourtant c'est nous », chante Souchon.

Dans le clip de « L'Amour à la machine », le héros apparaît un pot de peinture à la main en train de repeindre l'appartement qui lui sert de nid douillet. Petit clin d'œil au premier métier de Souchon, qui était peintre en bâtiment quand il a rencontré Françoise, son épouse.

« L'Amour à la machine » pose également en filigrane une autre question : est-ce que, si les couleurs d'origine revenaient, nous serions toujours partants pour faire le chemin ensemble ? L'usage de métaphores, non dépourvues d'humour, et la mélodie enjouée allègent le propos. L'auteur se plaît à jongler avec les mots, livrant des images qui frôlent l'univers du surréalisme. « Quand on fait des chansons, on essaie de s'amuser soi-même, de trouver des consonances… Je suis content d'avoir trouvé cet amusement. Faire des chansons, c'est comparable à des gens qui sont brillants en société, qui sont autour d'une table et qui font rire tout le monde… Moi, j'essaie de le faire dans les chansons, à tête reposée, car cela ne me vient pas naturellement.[136] »

136. « Bonus Track », RTL, 10 juin 2021.

« SOUS LES JUPES DES FILLES »

GIRL POWER

Avec « Sous les jupes des filles », Alain Souchon offre une chanson à tiroirs. Un genre dans lequel il excelle. Derrière des paroles de prime abord légères, voire naïves, il cache un propos plus nourri. Une ode à la fois sensuelle et féministe sur un air de reggae qui fait la part belle aux guitares.

« Cette espèce de fascination qu'ont les hommes pour les jambes des filles, je trouve ça merveilleux, c'est le plus intense dans la vie. Non, c'est idiot ce que je dis, parce qu'il y a des tas de trucs intellectuels qui sont très intenses. Mais c'est vraiment un truc important. Le fait que ce soit un petit peu caché… Souvent, les hommes regardent une fille qui monte l'escalier, mais ils ne veulent pas montrer qu'ils regardent… J'adore.[137] » « Pendant longtemps, je croyais qu'il se passait des choses extraordinaires sous les

137. « À voix nue », France Culture, 16 décembre 2016.

jupes des femmes », fait dire François Truffaut à l'un de ses personnages dans *La Femme d'à côté*, sorti sur les écrans en 1981. « Femme », un mot que Souchon bannit de son vocabulaire : « Les femmes, c'est emphatique, je trouve. "Les femmes", ça met tout dans un ordre important, tandis que "les filles", ça fait partie de la vie légère que l'on a dans la tête. On les voit passer avec leur joli sourire et on a 19 ans, on a 18 ans…[138] »

Adolescent, Alain Souchon a usé ses « rétines et pupilles » à regarder les filles, sans grand succès. Telle la robe blanche de Marilyn sur une bouche d'aération de métro, leurs jupes aux prises avec le vent suggéraient une douce aventure qui n'était pas pour lui. « Je me suis marié à 28 ans. Mais avant, j'ai trouvé ça bien difficile, l'amour. Quand j'avais 16 ans, 17 ans, 18 ans, 19 ans, j'en ai chié tout le temps avec les filles que j'admirais, que j'adorais et avec qui je n'arrivais pas à établir le contact. Et même si je l'établissais, ça ne les intéressait pas. Avec ma femme, ça s'est bien passé et je lui serai toute ma vie gré du regard bienveillant qu'elle a posé sur moi : ça m'a rempli de moi-même. Mais c'est vrai que j'ai voulu être chanteur pour plaire aux filles.[139] »

Tous ces jeux de dupe, tous ces jeux perdus d'avance ont fragilisé Alain Souchon, qui a longtemps craint de rester sur la touche. Il l'avoue : les filles n'ont jamais cessé d'être l'objet de ses tourments et de ses interrogations. « La belle histoire sur la Terre, celle des hommes et des femmes, ça reste le grand mystère. La grande attirance, la fascination. Le truc le plus simple et le plus compliqué. Le plus excitant, le plus beau. C'est ce qui fait vivre, quoi. Sans ça, le reste, ce n'est pas terrible, hein… C'est bien simple, s'il n'y a pas

138. « Pop N' Co », France Inter, 17 octobre 2019.
139. *Le Figaro*, février 2006.

l'amour, si on est trop timide ou trop compliqué, eh bien, il n'y a plus rien.[140] »

Dans « Les Filles électriques », titre paru sur l'album *C'est déjà ça,* à l'instar de « Sous les jupes des filles », l'artiste confie à nouveau son désarroi. « Tout au long d'la vie, c'est sûr/ On s'abîme le cœur/ À vouloir mettre la main sur/ Les filles conducteurs », chante-t-il, ajoutant : « Les filles, sans en avoir l'air/ Ça électrocute. » Le chanteur puise ainsi son inspiration dans son incompréhension de la gent féminine. « Finalement, l'album *C'est déjà ça,* c'est celui de mes disques qui correspond le plus à ce que je suis : guilleret, même dans la désespérance ! C'est vrai que l'amour entre un homme et une femme, à la différence de celui d'une mère pour son enfant, par exemple, est d'abord un jeu dangereux aux règles provisoires. Un mélange bien agréable mais troublant de plaisir, de guerre et de maladie. Le dire sans gravité, avec des calembours et, parfois, des petites mélodies si douces que les FM ne les passeront pas, qui sont juste un cadeau à ceux qui achètent l'album, cela me réjouit.[141] »

Mais derrière la sensualité de « Sous les jupes des filles » qui transparaît à la première lecture du texte, Alain Souchon démontre à sa manière que le sexe mène le monde. « Je crois réellement qu'une bonne part de l'agitation des hommes pour prouver qu'ils sont les plus beaux et les plus forts vient de leurs désirs et de leurs frustrations. On fait la guerre comme on chasse le chevreuil… Par dépit. Mais, au fond, tout le monde préférerait être au lit avec sa gonzesse.[142] »

L'idée de la chanson n'est pas venue à l'artiste en regardant passer les filles assis à la terrasse d'un café, mais en relisant

140. *Le Parisien*, 5 octobre 1993.
141. *Ibid.*
142. *Ibid.*

Le Mémorial de Sainte-Hélène, récit écrit par Emmanuel de Las Cases dans lequel l'auteur a recueilli les mémoires de Napoléon Bonaparte au cours d'entretiens quasi quotidiens avec l'Empereur, lors de son séjour à Sainte-Hélène. Pour Souchon, « Napoléon a tout gâché en voulant être le plus fort ». Derrière la grande histoire se cachent souvent des histoires d'amour ou de mesquines coucheries.

Dans la première moitié de la chanson, Alain Souchon souligne le pouvoir tout à la fois malicieux et maléfique des femmes qui savent « la faiblesse des hommes » pour lesquels il est impossible de résister aux charmes des filles, quitte à mettre le tumulte dans leur vie. Dans la seconde partie, il met en exergue l'impuissance de l'homme face aux refus des filles. Quand « Elles veulent pas/ Qu'on r'garde leurs guiboles », ils ont une poussée de testostérone et s'adonnent à la violence en tous genres pour évacuer leur frustration. « Alors, faut qu'ça tombe/ Les hommes ou bien les palombes/ Les bières, les Khmers rouges/ Le moindre chevreuil qui bouge. »

« Elles, dans l'suave/ La faiblesse des hommes, elles savent », « Elles, dans l'grave/ La faiblesse des hommes, elles savent » : en quatre magnifiques vers, Alain Souchon trouve la définition parfaite de l'existence. Les femmes avec leur hauteur d'esprit et leur sagesse regardent quelquefois avec compassion, mais le plus souvent avec dédain, les hommes tomber dans leurs pièges tellement faciles.

En 2024, la réalisatrice Audrey Dana intitule son premier long métrage *Sous les jupes des filles*. Ce film choral retraçant la vie de onze femmes peint un tableau de la féminité dans les années deux mille.

Auparavant, en 1998, Axelle Lenoir s'amuse à écrire une réponse à la chanson : « Sous les shorts des garçons ». Souchon la reprendra en duo avec elle, en 2002, dans le troisième album studio de la chanteuse, *La Plage*, dans une version plus pop.

Arrangée par Michel Cœuriot et Renaud Letang, dont c'est la première collaboration avec Alain Souchon, la chanson « Sous les jupes des filles » reçoit en 1996 le prix Vincent-Scotto (compositeur français) décerné par la Sacem et récompensant « la meilleure chanson populaire de l'année ». Doublé pour l'artiste, qui avait déjà reçu ce prix avec « Bidon », en 1977.

« CHANTER C'EST LANCER DES BALLES »

À QUOI SERT UNE CHANSON ?

La chanson est-elle un art majeur ou un art mineur ? Si Gainsbourg et Béart ne sont plus là pour en découdre, la question demeure. Alain Souchon aurait tendance à se ranger du côté de l'auteur de « La Javanaise ». Pour lui, comparée à un roman classique ou à une symphonie qui ont traversé les siècles, la chanson ne fait pas le poids. C'est bien un art mineur ! Il préfère la définition de son ami Yves Simon, pour qui les chansons s'apparentent à « un calendrier affectif ».

« Chanter, c'est lancer des balles/ Des ballons qu'on tape/ Pour que quelqu'un les attrape/ [...] Des ballons d'hélium/ Pour faire monter les hommes/ Au-dessus d'la pluie dans le solarium », chante Souchon qui souligne le côté réconfortant d'une chanson dans laquelle on se réfugie pour revivre un moment, une émotion. Pour l'artiste, plus encore, la chanson est une bouée de sauvetage.

« Chanter me sauve de l'ennui. Dans ma jeunesse, j'étais très malheureux de ne m'intéresser à rien. Depuis que je chante, ça va. Mais si je n'arrive pas à écrire, je m'ennuie. Chanter, c'est se mettre dans l'action. Être chanteur, ça justifie le fait que je sois sur Terre. On me fixe des rendez-vous, on me traite comme quelqu'un d'important et les filles me regardent. Elles ne me voyaient pas quand j'avais 17 ans.[143] » « Et les filles, les seins à l'air/ Regardent tomber les bouts d'verre/ Pour qu'elles trouvent notre gage/ De musique et de langage/ Joli à défaut du visage. » « Être chanteur, ça arrange tout. Ça permet de parler aux gens, de sortir de la solitude, de la timidité, de la tristesse dans laquelle baignent les adolescents. Les hommes resteraient bien portants si on ne les obligeait pas à adopter des attitudes viriles. Les chanteurs, eux, ont le droit de demeurer adolescents.[144] »

Dans son esprit, être chanteur est indissociable d'être parolier. L'amour qu'éprouve Alain Souchon pour la langue française et ses subtilités prend racine dans l'enfance. Ses lectures vont ainsi forger sa plume et lui donner, une fois adulte, sa singularité d'auteur. « En pension, j'ai été accro aux livres de Lagarde et Michard. Mes heures d'études, je les passais devant "La nuit d'octobre" d'Alfred de Musset, ses rimes, cette cadence des mots me fascinaient. Je lisais "Le Lac" de Lamartine, Victor Hugo avec une admiration pour ces images qui surgissaient et ces rimes un peu emphatiques, dingues. Ça me fascinait, plus que *Madame Bovary* et les grands romanciers du XIXe siècle. Ensuite, j'ai découvert Apollinaire, Rimbaud, tous ces gens dont j'admirais la musique des mots, puis Brassens, Guy Béart,

143. *Télérama*, 17 novembre 1993.
144. *Ibid.*

Léo Ferré qui aimaient, comme moi, tous ces poètes, qu'ils mettaient en musique. Ça me plaisait.[145] »

Mais c'est en lisant « La Loreley » de Guillaume Apollinaire que Souchon va être bouleversé au plus profond de lui. « Je n'ai aimé dans les études que la poésie ; le reste, je n'y arrivais pas. Je ne comprenais rien. Cependant, j'étais extrêmement sensible dès l'âge de 11 ans au fait que, lorsque Guillaume Apollinaire écrit l'histoire de "La Loreley", il commence en disant : "À Bacharach il y avait une sorcière blonde/ Qui laissait mourir d'amour tous les hommes à la ronde." Et alors ça m'a fasciné parce que, moi, j'aurais écrit : "À Bacharach il y avait une sorcière blonde/ Qui faisait mourir d'amour tous les hommes à la ronde." Je me disais : "Il a mis 'laissait mourir d'amour'". Il y a quelque chose d'extraordinaire dans cette nuance, entre "faisait mourir d'amour" et "laissait mourir d'amour". Et c'est vrai que ça m'avait beaucoup marqué.[146] »

Il ressent une émotion semblable à l'écoute de « La Complainte de Mandrin », une chanson populaire d'un auteur inconnu racontant la vie de Louis Mandrin (1725-1755), l'un des plus célèbres contrebandiers de France. « "La Complainte de Mandrin", cela racontait une histoire que je trouvais très triste et en même temps extraordinaire, et ça me plaisait. "Je regardai la France/ J'y vis mes compagnons/ À l'ombre d'un, vous m'entendez/ Je vis mes compagnons/ À l'ombre d'un buisson." Je trouvais ça d'une beauté inimaginable que cet homme qui allait mourir, monté sur la potence, voie ses compagnons à l'ombre d'un buisson et regarde la France. Je trouvais ça dingue, j'adorais ![147] »

145. *Paris Match*, 1er décembre 2011.
146. « Alain Souchon : une heure en tête-à-tête », *Télérama*, 17 octobre 2019.
147. *Ibid.*

Souchon se souvient aussi d'être allé avec sa mère applaudir sur scène Léo Ferré, Jean Ferrat, Georges Brassens, Hugues Aufray, Jacques Brel ou encore Gilbert Bécaud. « Ma mère m'a emmené voir Gilbert Bécaud, le dimanche après-midi, à l'Olympia. Il était tout jeune et bondissait sur scène, il sautait dans la salle. Il chantait ses chansons avec la sono qui était très forte. On sortait de chez nous où c'était très triste parce que mon père était mort. Il y avait une ambiance un peu pesante à la maison. Et ma mère m'emmène voir Gilbert Bécaud à l'Olympia ; putain, mais c'est extraordinaire, c'est dingue, ce truc ![148] »

Alain Souchon garde aussi en mémoire à quel point il a été emporté par le talent de Brel. « Quand j'écoutais Brel chanter "Les Bourgeois", ça me faisait du bien. Je me souviens d'avoir assisté à l'un de ses concerts, à l'Alhambra. Il chantait "Les Vieux" et tout le monde pleurait. Quand on a 15 ans, on sort de là "enthousiasmé". Aujourd'hui, je dirais qu'il était jusqu'au-boutiste en toutes choses.[149] »

À plusieurs reprises, il va applaudir Brassens, des textes duquel il est fou, mais aussi de son jeu de guitare. Avec ses maigres économies d'adolescent, le jeune Alain s'achète une guitare d'occasion qui n'a que trois cordes, et il commence à écrire des chansons pour que jaillissent ses tourments intérieurs. « Je suis parti dans la chanson avec trois maîtres : Brassens, Dylan et Ferré. Ils n'étaient pas contents du monde et ils le disaient. Leurs colères me faisaient voler. Quand, indigné, Léo chantait "Franco la muerte", c'était lourdingue et j'aimais ça, même si jamais je ne pourrais m'exprimer comme lui.[150] »

---

148. « Pop N' Co », France Inter, 7 juin 2021.
149. *La Croix*, 19 décembre 2008.
150. *Le Figaro*, mai 1993.

Influencé par ses modèles, Alain Souchon écrit ses premiers textes. Homme de paradoxes, lui, le garçon effacé, veut entrer désormais dans la lumière pour être regardé. Lui, le garçon qui n'a jamais eu de centres d'intérêt, a désormais un rêve et va s'y accrocher en faisant preuve d'une persévérance sans faille. Durant dix ans, il écume les cabarets de la rive gauche, jusqu'à trois par soir. Il court de cachet en cachet, vit chichement et, de son propre aveu, n'est pas malheureux. Il ne songe pas à l'avenir : en pessimiste chronique, il n'imagine rien qui vaille. « La seule chose qui m'intéressait, c'était d'entendre Léo Ferré ou Bob Dylan. Rien d'autre ne me captivait. Certains rêvent de devenir écrivains et, après la lecture de Chateaubriand ou de Proust, on hésite un peu à se lancer ! C'est pareil pour la chanson. Au début, je n'osais même pas imaginer que je pourrais faire une chanson. Alors je gratouillais un peu. Dans les soirées, je me mettais dans un coin avec une guitare, cela me donnait une contenance devant les jolies filles. Peu à peu, je me suis lancé dans l'écriture, sans trop y croire. Un jour, j'ai proposé une chanson pour Frédéric François parce que j'avais besoin d'argent. Pourquoi ne pas écrire pour les autres ? L'éditeur qui m'a écouté m'a proposé de m'emmener dans une maison de disques parce qu'il trouvait ma voix assez touchante. Début de l'aventure…[151] »

C'était en 1973, et depuis plus de cinquante ans, Souchon n'a jamais cessé d'écrire des chansons qui parlent de lui et, par ricochet, de beaucoup d'entre nous. « Moi, je chante comme on parle. Mon propos n'est pas de chanter bien, mon propos est de parler bien en chantant. Je me fous un peu si, quelquefois, c'est faux. Tandis que, si un mot est mauvais, c'est très ennuyeux.[152] »

151. *L'Humanité*, 28 novembre 2008.
152. « La Radio à roulettes », France Musique, 5 août 1978.

Alain Souchon écrit des chansons avec la précision d'un joaillier taillant une pierre précieuse. « Composer une chanson, c'est souvent long. Il faut en écrire des petits bouts de vers avant de trouver ce balancement entre les mots et les notes, et d'éprouver le frisson. Moi, je n'aime pas les recettes et, sans ce frisson, pas de bonne chanson. En fait, je travaille beaucoup, mais j'aimerais bien donner l'image d'un boulot dilettante.[153] »

L'une des grandes craintes de Souchon est de faire du Souchon, de tomber dans la facilité d'un savoir-faire. S'il soigne toujours impeccablement son style, il lui est inconcevable de se répéter, d'être prisonnier de son image. Rester libre lui permet de se concentrer sur la quête de ce qu'il estime être le Graal en matière d'écriture de chansons : « Ma grande joie, c'est de trouver le rapport émouvant qu'il peut y avoir entre les notes et les mots. C'est mon moteur. Ce que je n'aime pas, c'est que les paroles et la musique soient chacune de leur côté. Il faut que ça s'enchaîne, et quand ça marche, c'est merveilleux. Quand ça coule, quand on ne sent pas le travail, j'adore ça ![154] »

Pour trouver l'inspiration, Alain Souchon croit plus en la citation latine du poète satirique romain Juvénal « Un esprit sain dans un corps sain » que dans les paradis artificiels chers à ses poètes préférés. « Marcher seul dans la montagne m'exalte. Je travaille beaucoup comme ça. Certaines paroles me viennent en marchant. L'altitude irrigue le cerveau. La nature m'inspire : c'est un peu mon bureau. J'aime l'idée d'être là plutôt qu'à Saint-Tropez. Je préfère être seul dans des endroits rocailleux que mal accompagné. Ce que j'aime dans mon métier, c'est le mélange de la transpiration et du

153. *Télérama*, 1986.
154. *Le Journal de la Sacem-SDRM*, mai-juin 1994.

travail des méninges. Chanteur, ce n'est pas autre chose. On se casse un peu la tête pour trouver trois accords, pour écrire les textes, et après on transpire sur scène.[155] »

Comme *L'homme qui marche*, la sculpture d'Alberto Giacometti, Alain Souchon a un besoin impérieux d'être en mouvement. « Chaque jour, à la campagne, en Bretagne ou à Paris, je pars marcher deux ou trois heures avec l'intention de trouver quelque chose. Je vais à la pêche aux phrases... Minimum, je me dis que je dois revenir avec une. Dès que j'ai trouvé un truc qui m'excite, je me mets au piano ou à la guitare et je cherche à le mettre en musique. Comme je suis un cyclothymique, mes chansons me ressemblent forcément. J'adore faire l'imbécile pour m'amuser, me faire remarquer : à l'école, d'ailleurs, je me suis beaucoup fait renvoyer à cause de ça. Mais, tout de suite après, je peux devenir mélancolique et me retirer dans un coin. Mes textes sont un mélange de ça.[156] »

Si chanter, pour Souchon, c'est lancer des balles, il faut que le lancer soit irréprochable pour avoir une chance d'être saisi au vol par le public, et le toucher. « Quand j'écris, je cherche dans mon cœur des choses vraies. Après, si vos chansons trouvent un écho, c'est génial. Le chanteur qui aime se bourrer la gueule toute la journée, toute la nuit, et qui le dit, il rassure ceux qui font pareil. Le chanteur qui dit "J'aime les champs de blé", il fait du bien à tous les autres types qui aiment les champs de blé. Voilà à quoi sert la chanson. À faire plaisir. Et puis, la musique, c'est joli, elle vous embarque, c'est un traîneau qui vous emmène dans le ciel, comme le père Noël.[157] »

---

155. *L'Humanité*, 28 novembre 2008.
156. *Chorus*, été 2005.
157. *Paris Match*, 1er décembre 2011.

Alain Souchon n'est pas un faiseur de mots, mais, comme Jean de Florette, il cultive l'authentique. « Les chansons, ce sont des mots lancés vers un public. Il faut essayer d'être le plus vrai possible, dire ce que l'on pense. Et quel plaisir ensuite pour l'auditeur d'entendre à la radio quelqu'un d'autre qui dit avec ses mots quelque chose que vous n'avez pas mis en ordre dans votre tête. Une chanson un peu ironique ou mélancolique, ça soulage.[158] »

Alain Souchon n'a pas perdu la vision qu'il avait au départ. En écrivant, il cherche à ce que la chanson lui fasse le même effet que celles qu'il écoutait quand il était plus jeune. Si Brel tenait tel propos, Souchon voulait le dire aussi. Idem avec les Beatles, Georges Brassens ou Bob Dylan… « Ce sont tous ces "moi aussi" qui m'ont fait vivre, qui m'ont éduqué. Les chansons, cela aide aussi à vivre quand on les écoute. Je considère que, dans une chanson, il faut mettre ses idées, sa vision du monde, afin de les transmettre. J'essaie de dire la vérité insidieusement car on ne peut pas changer le monde avec des chansons. Leur but est que les gens se disent en l'écoutant : "Moi aussi, je pense ça." Les chansons servent à ça, à ce qu'on dise "moi aussi".[159] »

Aux yeux de Souchon, les chanteurs ne sont pas des poètes. Certains poètes, comme certains peintres, ont réinventé le monde, mais aucun chanteur n'a dérangé l'ordre établi avec son œuvre. « Une chanson est une caresse sur la joue, c'est tout. Un chanteur ne fait pas plus la révolution qu'une hirondelle le printemps.[160] » Il ajoute : « La chanson, c'est dans l'air du temps, un truc de consommation, comme

158. *La Croix*, 19 décembre 2008.
159. *Le Journal de la Sacem-SDRM*, mai-juin 1994.
160. *Télérama*, 10 novembre 1999.

les bagnoles. C'est pour ça que l'on ne peut pas se prendre au sérieux. Jamais elle n'aura le même poids, la même valeur, que les arts véritables. On peut éprouver un choc formidable, cent ans après, en lisant un poème de Rimbaud ou en découvrant une toile de Picasso. Avec la chanson, ça ne tient pas. Même Brel se démode...[161] »

L'auteur conforte ses propos en comparant les chansons à la beauté éphémère des fleurs, à leur fragilité. « Les fleurs, ça ne sert à rien, mais, quand il y en a, c'est plus sympa. Donc, les chansons, tu les chantes, tu dis : "Ah, j'aime bien les filles qui ont les yeux verts." Cela n'a aucun intérêt. Ça n'apporte rien à personne, mais n'empêche que le gars qui est en voiture et qui entend un chanteur qui dit "J'adore les filles qui ont les yeux verts", lui aussi ça lui fait un petit quelque chose. On se rencontre comme ça, avec des petites observations par-ci par-là, avec des petits mots qu'on dit. On rencontre des gens qui pensent la même chose. Les chansons, elles n'inventent rien, elles ne changent rien. Mais elles sont une compagnie.[162] »

Souchon n'en démord pas : « La chanson doit coller à l'époque, c'est un art mineur de consommation rapide. Les gens ne me demandent pas d'être génial, ni d'être beau, ni de bien bouger sur scène, mais d'être honnête. Alors c'est ça, mon métier : être honnête.[163] »

Cette véhémence à considérer la chanson comme un art mineur provient d'un sentiment d'infériorité chez Alain Souchon. Il aurait aimé être un grand universitaire et vénère les intellectuels. Dans le milieu bourgeois dans lequel il a grandi, seule la musique classique est respectée. Il a également

161. *Elle*, octobre 1993.
162. « Pop, etc. », France Inter, 18 juin 2011.
163. *Télérama*, avril 1986.

été froissé par un manque de considération à son égard à ses débuts. On l'a catalogué immédiatement comme un chanteur léger et romantique avec « Allô maman bobo », « J'ai dix ans » ou encore « Bidon », sans prêter attention à ses textes plus engagés tels que « S'asseoir par terre », « Poulaillers' Song » ou « Le Bagad de Lann-Bihoué ». Il semble difficile de ranger des chansons telles que « C'est déjà ça » ou « Et si en plus y'a personne » dans la catégorie du simple divertissement. Si aucune chanson ne peut changer la face du monde, certaines peuvent semer des graines et faire pousser des oasis dans le désert.

La chanson reste l'art le plus immédiat et le plus accessible au plus grand nombre. Alain Souchon sent bien en son for intérieur qu'il minimise le pouvoir qu'une chanson peut prendre dans le cœur du public, au point de lui échapper quelquefois. Sur l'album *Rame*, dans la chanson « Courrier », il fait part de son impuissance à répondre aux fortes attentes de ceux qui achètent ses disques : « Y'en a, des sacs postaux d'écriture/ Qui d'mandent au chanteur une vie moins dure/ Mais j'sais pas quoi raconter/ Et je réponds tout à côté d'ce courrier. »

Derrière son côté futile, « non essentiel », la chanson ne peut se défaire de sa dimension sociale, de son pouvoir de cohésion. « Finalement, je ne fais pas un métier si léger que cela. À 16 ans, on ne rêve qu'aux paillettes. Une fois que vous êtes chanteur, vous vous apercevez que ce n'est pas un métier si facile. Il faut durer. [...] Vous découvrez qu'il doit y avoir des raisons plus profondes pour que l'on se mette comme cela en avant. La légèreté n'est donc qu'apparente. C'est aussi cela, la vie de chanteur : recevoir des lettres bouleversantes et rencontrer des gens étonnants »[164].

164. *La Croix*, 19 décembre 2008.

« C'EST DÉJÀ ÇA »

TOUS UN PEU FRÈRES

En 1993, Alain Souchon publie *C'est déjà ça,* son neuvième album studio. La onzième chanson, qui clôt l'opus, est baptisée du même titre. Elle se range dans le répertoire engagé d'Alain Souchon qui, en racontant les déambulations d'un immigré soudanais dans le quartier de Belleville, à Paris, dénonce le racisme ordinaire.

L'idée de la chanson « C'est déjà ça » est venue à Alain Souchon à la suite d'une conversation avec la réalisatrice Claire Denis. « Cette chanson, elle est facile. Elle est dans le bien-pensant. On était partis avec Claire Denis pour faire un clip ensemble sur une chanson que je devais faire pour Amnesty International. J'avais prévu une chanson sur un prisonnier politique de Fidel Castro qui commençait par "Je chante pour Esteban contre Fidel". J'adore le mot Esteban. Et puis une personnalité très importante du gouvernement de gauche avait pris notre prisonnier pour en faire un clip ou je ne sais quoi, donc on m'a viré. Ça avait un côté horrible, les gens faisaient leur marché, finalement.

En discutant avec Claire Denis, on s'est dit : “Et tous ces Africains qui sont là-bas ? Et bon, c'est déjà ça, ils sont déjà moins misérables chez nous que chez eux avec leur dictature et tout ça.”[165] »

Lors de l'écriture de la chanson, le Soudan est en proie à sa deuxième guerre civile, qui a commencé en 1983 et qui oppose les rebelles séparatistes du Sud au gouvernement central. Se déroulant principalement dans le Soudan du Sud, elle reste l'une des guerres les plus meurtrières du XXe siècle, avec un bilan évalué à deux millions de morts.

Par ricochet, plus de quatre millions d'habitants du Sud, en proie à la famine, sont contraints d'abandonner leur terre car le pouvoir en place leur interdit de cultiver leur jardin ou de gagner de l'argent pour se nourrir. L'Islam est alors la religion d'État du Soudan, et les lois islamiques sont appliquées, avec l'usage de l'amputation et de la lapidation. Qui plus est, l'esclavage y est toujours pratiqué, et les premières victimes sont les noirs du Sud, que les esclavagistes arabes considèrent comme des infidèles inférieurs.

Fuyant la misère et la peur, certains Soudanais ont trouvé refuge en France. C'est le destin de l'un d'entre eux que Souchon dépeint dans sa chanson. La force de l'auteur est de se glisser dans la peau de cet immigré en employant la première personne du singulier. « Je sais bien que rue d'Belleville/ Rien n'est fait pour moi/ Mais je suis dans une belle ville/ C'est déjà ça. » Aussitôt, l'attention de l'auditeur est captée : que veut lui dire Alain Souchon ? Les quatre vers suivants le mettent sur la voie : « Si loin de mes antilopes/ Je marche tout bas/ Marcher dans une ville d'Europe/ C'est déjà ça. »

165. *Chorus*, été 2005.

Souchon aurait pu simplement raconter la nouvelle vie de cet homme, partagé entre le chagrin d'avoir quitté son pays et le soulagement d'avoir échappé à la barbarie. En nous décrivant le dénuement extrême dans lequel il se trouve, Alain Souchon interpelle les Français en mettant à mal toutes leurs idées reçues sur le sujet : « Y'a un sac de plastique vert/ Au bout de mon bras/ Dans mon sac vert, il y a d'l'air/ C'est déjà ça. » Ce Soudanais se contente de peu, juste d'un peu d'air respirable. « J'ai essayé d'écrire cette chanson avec douceur pour expliquer aux gens pas contents que le fait qu'il y ait des noirs qui viennent d'Afrique pour s'installer ici, que la Sécurité sociale, le chauffage central et le reste, c'est déjà ça. Ils ne sont pas ici sous la botte d'un dictateur fou qui les assassine. C'est la différence entre l'horreur qu'ils vivent là-bas, en l'occurrence le Soudan, et la douceur qu'ils connaissent ici. Cette chanson, c'est un appel à la tolérance. On a beau savoir que presque tout est manipulé, il y a des trucs qu'on ne peut pas négliger. Le Soudan est symbolique de tout le drame africain dont nous sommes parfaitement responsables. Le colonialisme a déstructuré ces pays tribaux que dirigent dorénavant de petits chefaillons sans scrupules, souvent sanguinaires, et munis de jolis comptes en Suisse. Ceux qui sont là-bas et qui n'ont rien, qui sont dans les dictatures de fou, des régimes policiers atroces, c'est normal qu'ils aient envie de se sauver, de venir chez nous, où ça paraît être le paradis, et de profiter des avantages sociaux. Et quand ils sont ici, il faut être gentil avec eux. Il faut comprendre, mais c'est aussi normal que les gens d'ici disent : "Attendez, s'ils viennent par millions, cela ne va pas être possible."[166] »

Pour Alain Souchon, la mixité reste une chance. « Rue de Belleville, les populations viennent d'Afrique, il y a des cafés spécialisés, tout le monde se croise, et c'est cette rencontre

166. *Le Monde*, 5 octobre 1994.

des cultures qui fait ce nouvel aspect des grandes villes européennes. Ça imprègne la musique, la littérature, ça imprègne l'ambiance générale et ça fait un bouillonnement riche et enrichissant. Et c'est énorme, l'apport que ça fait, et c'est ça, le nouveau monde.[167] »

Le premier vers de la chanson que Souchon a couché sur le papier est « Que Soudan, mon pays, soudain se soulève ». Cette allitération en *s* donne une impression de mouvement et laisse imaginer le rassemblement d'une foule portée par le même idéal, dans toutes les rues du pays.

Pour la suite du texte, la tâche se révèle plus ardue. « Avec Laurent [Voulzy], on n'a pas lâché la chanson tant qu'elle n'a pas été terminée. Même quand l'inspiration ne venait pas, quand on ne trouvait pas ce qu'on voulait, on ne s'est pas mis à travailler sur une autre chanson de l'album. On a persisté.[168] »

Pour alléger le propos, le duo Souchon-Voulzy opte pour une musique aux sonorités africaines qui donne envie de danser. Lors des concerts d'Alain Souchon, le public ne peut s'empêcher de frapper dans ses mains dès les premières notes. « Les chansons bien faites doivent être comme ça. C'est du moins ce que je recherche, que ce soit léger en apparence, avec une musique agréable, au service d'une profondeur… J'aime bien que ça ait l'air léger alors que c'est désespéré, j'aime bien cette allure, quand la légèreté masque un peu la gravité.[169] »

« C'est déjà ça » va offrir à son auteur une aventure inattendue un jour qu'il passe sans le savoir devant l'ambassade

---

167. « Fréquenstar », M6, 1999.
168. Rencontres d'Astaffort, Sucé-sur-Erdre, octobre 1996.
169. *Chorus*, été 2005.

du Soudan, à Paris. « Une très jolie fille en sort. Elle me voit, s'approche et me demande : "Est-ce que je peux vous serrer dans mes bras ?" Et elle m'a serré dans ses bras. C'était juste après la sortie de mon disque. Elle m'a pris dans ses bras pour me dire "Merci pour votre chanson". C'était gentil, vraiment adorable, un beau souvenir. Alors je me suis dit : "Ma vie est réussie." J'étais heureux…[170] »

Dans l'opus suivant, *Au ras des pâquerettes*, Alain Souchon reprendra le thème de l'immigration, des sans-abri, des laissés-pour-compte dans « Petit Tas tombé » dont il a co-composé la musique avec son fils Pierre. « J'ai écrit "Petit Tas tombé" sur les gens qui sont couchés dans la rue. Cela bouleverse tout le monde qu'ils soient couchés dans la rue, ces pauvres gens, ils sont mal d'être couchés dans la rue comme ça, et en même temps, nous, on est mal de les voir. Tout le monde est mal.[171] » « Petit tas tombé/ Petit a sans petit b/ Au pied du piéton/ Une âme est sous les cartons. »

Le thème préoccupe suffisamment Alain Souchon pour qu'il y revienne dans l'album *Écoutez d'où ma peine vient,* avec le titre « Elle danse » dans lequel il brosse le portrait d'une jeune migrante perdue dans la capitale, loin de son village natal qu'elle ne reverra probablement jamais. Il rend également hommage à tous ceux qui, au péril de leur vie, prennent des embarcations de fortune pour trouver un avenir meilleur. « Pour ne pas oublier/ Son pays pouilleux pillé/ Son pays tout dépouillé/ Son président fou à lier/ Ne pas oublier les gens/ La boîte en fer et l'argent/ Le passeur qui avait dit/ Le mot paradis. »

170. « Pop N' Co », France Inter, 18 juin 2011.
171. « À voix nue », France Culture, 16 décembre 2016.

« LE BAISER »

JETER LE TROUBLE

Le baiser est une source d'inspiration inépuisable. Les plus grands artistes l'ont célébré dans leurs œuvres : Maupassant et Tchekhov dans leurs nouvelles, Klimt et Picasso en peinture, Rodin et Claudel en sculpture, Truffaut au cinéma, Doisneau en photographie… Sans oublier les poètes Du Bellay, Gautier, Éluard, Hugo, De Parny ou encore De Noailles, qui en font l'éloge sous différentes formes. Puis vient le plus troublant car le plus inattendu : celui d'Alain Souchon.

Quelquefois, les poètes, même s'il réfute qu'on le définisse ainsi, sont frappés par l'état de grâce : c'est le cas d'Alain Souchon lors de l'écriture de la chanson « Le Baiser ». De son propre aveu, le texte lui est venu assez facilement, comme dicté par la fée sensualité. « Vous savez ce que c'est, les garçons, on regarde les filles en douce, on les regarde passer. C'est monstrueux, un petit peu, mais c'est comme ça. Alors c'est quand même un rêve quand il y en a une qui se dérange pour venir vous embrasser. Rêve qui passe, qui ne devrait pas avoir lieu. Sauf peut-être quand on est chanteur. Ça m'est arrivé parce que je suis chanteur. Et pas à cause de mes oreilles ![172] »

Rêve ou réalité, peu importe, l'émotion n'en est pas moins grande à l'écoute de la chanson. Alain Souchon nous raconte la douce aventure qui lui est arrivée en nous plongeant dans un court métrage. Il marche sur la plage de Malo Bray-Dunes, dans le nord de la France. C'est l'hiver, dans le ciel, dans la mer et dans son cœur. Au loin, de l'autre côté de la frontière franco-belge, on entend les flonflons, ces accords bruyants qui terminent certains morceaux de musique populaire, au cœur d'une fancy-fair, la fête des écoles en Belgique. La joie des enfants qu'il imagine contraste avec ses états d'âme. Éloigné du rivage, abrité par les dunes, il se laisse porter par sa mélancolie, quand elle apparaît, effrontée, sous ses « boucles brunes », pour lui offrir un baiser. Pas un bisou chaste délicatement posé sur les lèvres. Non, un *suavium*, un baiser avec la langue qu'échangent d'ordinaire les amants fougueux. « Toi qui as mis/ Sur ma langue ta langue amie/ Et dans mon cœur un décalcomanie/ Marqué liberté, liberté chérie. »

L'embrassé se sent un instant dans la peau du capitaine Riabovitch, le héros de Tchekhov dans « Le Baiser », qui, dans la pénombre d'une maison, reçoit le baiser d'une inconnue. Mais si Riabovitch part à sa recherche, Souchon, lui, voit sa belle s'enfuir « dans l'Audi de son mari ». Ce baiser unique et éphémère provoque en lui un trouble qui brûlera longtemps en ses souvenirs, lui laissant sur les lèvres ce goût sucré des pommes d'amour que l'on trouve dans les fancy-fairs.

Extraite de l'album *Au ras des pâquerettes,* la chanson « Le Baiser », dont Alain Souchon est l'auteur et

172. *Chorus*, été 2005.

le compositeur, devient l'un de ses plus grands succès. Cet instant suspendu empli de charme a séduit le public, qui s'est reconnu dans les paroles ou qui aimerait bien vivre la même histoire.

Pour Souchon, il faut saisir à bras-le-corps ces parenthèses enchantées qui nous empêchent de rester… au ras des pâquerettes. Ces moments égoïstes, qui nous insufflent des bouffées de liberté, embellissent le quotidien en nous faisant vibrer et sont salvateurs. Avec « Le Baiser », Alain Souchon a le talent de rendre l'adultère élégant.

Grâce à sa chanson, l'artiste connaît une aventure singulière. Le 24 mars 2011, il est invité par l'Amicale laïque de la ville de Bray-Dunes à l'inauguration, sur la digue, d'une plaque portant les paroles du « Baiser » pour le remercier d'avoir immortalisé la plage de Malo Bray-Dunes dans son œuvre. « Merci, ça me flatte beaucoup. Et bravo pour votre beau pays qui m'a inspiré. C'est en marchant sur cette plage que j'ai eu l'envie d'écrire cette chanson. Elle m'a ensuite apporté beaucoup de bonheur, elle a compté pour ma carrière. La première fois que je l'ai chantée au Kursaal [palais des congrès de Dunkerque], quand j'ai prononcé le mot "Malo Bray-Dunes", tout le monde s'est mis à hurler et ça m'a complètement déconcentré, je ne savais plus où j'en étais. Mais qu'est-ce qu'ils ont ? C'est un souvenir très fort pour moi.[173] »

Se trouvant entre la métropole de Dunkerque et la petite ville de La Panne, en Belgique, Bray-Dunes doit son nom à celui qui l'a fondée en 1883, Alphonse Bray, avec en ajout une référence aux dunes qui entourent la cité. Elle a la curiosité d'être la commune la plus septentrionale de France, outre-mer inclus.

173. *La Voix du Nord*, 25 mars 2011.

À l'instar de Claude Lelouch avec la plage de Deauville, Alain Souchon a immortalisé l'histoire d'un homme et d'une femme, et d'un baiser volé, sur la plage de Malo Bray-Dunes, devenue, grâce à lui, un haut lieu du romantisme des Hauts-de-France, très prisé par les photographes amateurs et les jeunes amoureux, en toutes saisons.

« RIVE GAUCHE »

PLUS D'APRÈS À SAINT-GERMAIN-DES-PRÉS

« J'habite un quartier de Paris qui change en moche » : c'est le constat que livre Alain Souchon en se baladant entre Saint-Germain-des-Prés et Montparnasse, où il vit depuis qu'il est chanteur. L'artiste pleure cette rive gauche qui a fait rêver le monde entier et qui, à l'aube de l'an deux mille, est défigurée.

« Je venais d'un milieu assez universitaire, de gens qui vénéraient le savoir, et j'étais complexé par mon inculture. Mes études se passaient mal parce que j'étais trop rêveur. Je ne faisais rien. J'ai été exalté par les chansons de la rive gauche, de Léo Ferré, Georges Brassens, Guy Béart... Toutes ces chansons malignes qui m'ont donné le goût de lire des poèmes et de savoir, entre autres, ce qu'était l'existentialisme. C'était comme un pays à part de la société, à la fois prétentieux et bon enfant, avec ses traînards, ses fêtards, ses poètes, ses musiciens, ses jazzmen qui passaient leurs nuits à fumer, discutailler et jouer de la musique. Maintenant, rien n'est plus pareil à Saint-Germain-des-Prés. Les appartements sont les plus chers de Paris, les grands couturiers viennent s'y installer… C'est fini. Toutes les époques sont balayées, c'est bouleversant et triste.[174] » Alain Souchon n'est pas le premier à regretter l'évolution de la rive gauche. Déjà, en 1967, Léo Ferré prévenait dans sa chanson « Quartier Latin », parue sur l'album *La Marseillaise* : « Je r'trouve plus rien/ Tell'ment c'est loin/ L'Quartier Latin. »

Souchon, lui, se souvient encore avec émotion de sa découverte d'un monde dont il ignorait tout. « J'avais un copain d'école qui m'avait emmené là. Je ne connaissais pas, je me disais : "Il n'y a pas que les chanteurs de la télé, il y a des chanteurs dans des boîtes qui s'assoient sur une enclume et qui chantent devant vingt personnes." Petit à petit, cela a mûri dans ma tête. Quelques années après, quand je cherchais quoi faire, donc éventuellement chanter, je me suis dit : "Tiens, je vais essayer d'aller passer des auditions." C'est là que j'ai chanté en anglais, rue des Canettes, et où je me suis fait lourder. Puis j'ai chanté au cabaret d'Art et d'Essai. C'était le milieu des années soixante, je chantais mes chansons, pas de reprises, j'ai toujours été très prétentieux là-dessus.[175] »

De l'aveu même de l'artiste, ses premières chansons étaient un peu « cucul la praline ». Il ne croyait pas trop à son répertoire, bien conscient qu'il fallait l'améliorer pour faire carrière. Il est tout de même engagé à plusieurs reprises au cabaret d'Art et d'Essai, rue Mouffetard, où il gagne quelques francs, ce qui l'encourage à continuer. Il se produit également en trio et se rebaptise Julien pour l'occasion. Le trio Marie, Anne et Julien plaît beaucoup.

174. *Le Nouvel Observateur*, 17 novembre 1999.

175. « Alain Souchon : derrière les mots », France Inter, 14 décembre 2016.

« On était jeunes et mignons. Les filles étaient jolies. J'avais une jumelle de chaque côté et on chantait "Y'en a qui font la guerre/ Y'en a qui font l'amour/ Y'en a qui font des manières..." On faisait les chansons ensemble. On vivait la vie de bohème dans un appartement. J'avais un copain qui était l'amant de l'une des deux ; moi, j'étais l'amant de l'autre, et on était heureux. On sortait de l'école, cela nous plaisait, cette vie sans horaires. J'adore quand on n'a pas d'horaires. On chantait au cabaret d'Art et d'Essai puis à La Contrescarpe, ensuite on rentrait chez nous, on buvait du thé jusqu'à 4 heures du matin. C'était la vie sympa, on gagnait un petit peu d'argent, cinq francs par cabaret, et quand on en faisait plusieurs, on se retrouvait avec vingt francs, et ça allait parce que vingt francs, à l'époque, c'était plus que maintenant.[176] »

Alain Souchon confie avoir assisté à la fin de la période bénie des cabarets à Saint-Germain et à Montparnasse. Il lui revient en mémoire un éventail de noms : Le Cheval d'Or, qui a vu Anne Sylvestre, Boby Lapointe, Raymond Devos, Pierre Perret ou encore Jean Ferrat faire leurs débuts ; L'Échelle de Jacob, où se sont produits, entre autres, Juliette Gréco, Serge Gainsbourg, Charles Aznavour et Léo Ferré ; mais aussi L'Écluse, fief de Jacques Brel et de Barbara. « Dans les années cinquante, quand tu allais à L'Écluse boire un chocolat, il y avait Barbara qui venait dans un coin jouer du piano et chanter ses chansons. Je garde toujours une espèce de théâtre dans ma tête de toute cette époque-là, à cet endroit-là, avec Léo Ferré, avec Brassens, et puis tous ces gens dont on parlait moins mais qui étaient là-bas importants, comme Maurice Fanon ou Jacques Serizier. C'était un bouillonnement artistique de la chanson qui était un peu

176. *Ibid.*

limitée musicalement, mais c'étaient des voix et des textes soutenus.[177] »

Au fond des caves, l'éclectisme est au rendez-vous. Certains déclament des poèmes, tandis que d'autres chantent. L'important, c'est le verbe. « Tous les gens qui faisaient du rock raillaient la rive gauche parce que, musicalement, ce n'était peut-être pas évolué, mais les paroles étaient vachement bien. C'étaient des chansons à texte, il y en avait des drôles. Il y avait un mec qui s'appelait Paul Villaz, je me souviens qu'il était drôle comme tout, qu'il était fou... Il y avait aussi une Allemande qui s'appelait Eva, qui avait l'accent allemand avec la voix voilée, elle ne chantait que du Barbara, c'était joli, j'aimais bien.[178] »

Né trop tard, Alain Souchon regrette de n'avoir pu profiter autant qu'il l'aurait voulu de cette époque foisonnante « Je suis un fan des artistes de cette période, des chanteurs qui parlaient avec force, comme Brassens ou Léo Ferré, toute une scène rive gauche [...]. Ces influences remontent de manière récurrente, j'aime l'idée qu'une chanson construite dans la solitude sur une guitare sèche peut ensuite émouvoir des milliers de personnes »[179].

Dans les jardins du Luxembourg, le plus beau parc de Paris et du monde d'après l'artiste, en empruntant les boulevards Saint-Michel et Arago ou en passant devant le Café de Flore, la Brasserie Lipp ou le café des Deux Magots, Alain Souchon convoque les fantômes de la rive gauche. « C'est une chanson juste nostalgique de cette époque qui dit qu'on nous méprise un peu en général »[180], ajoutant, pince-sans-

177. « Pollen, les copains d'abord... », France Inter, 17 décembre 1999.
178. « Alain Souchon : derrière les mots », France Inter, 14 décembre 2016.
179. *Le Temps*, 13 novembre 1999.
180. RFI, 3 février 2000.

rire, sur le livret de l'album *Au ras des pâquerettes* : « Je trouve ma musique géniale avec ses quatre accords qui reviennent comme une moulinette. »

Adepte du *name dropping*, Alain Souchon convie ses figures préférées – les poètes Jacques Prévert et Paul Verlaine ; le chanteur Léo Ferré ; l'écrivain, poète, parolier, chanteur et trompettiste Boris Vian – et s'attarde sur les couples singuliers qui l'ont fait rêver : Zelda et Francis Scott Fitzgerald, Miles Davis et Juliette Gréco, Jim Morrison et Nico, mais aussi Serge Gainsbourg et Jane Birkin. « On dirait Jane et Serge/ Sur le pont des Arts », chante Souchon au temps où les amoureux pouvaient encore y accrocher des cadenas, symbole de leur attachement.

Au-delà de la nostalgie, Alain Souchon veut que l'on se souvienne qu'avant d'abriter des agences immobilières, des banques et des boutiques de grands couturiers, et de drainer la clientèle éteinte qui va avec, ce coin de Paris avait été un poumon culturel exceptionnel où soufflait un vent de liberté. C'est dans la rue des Grands-Augustins que Picasso avait son atelier et a peint l'une de ses œuvres qui bouleversa le monde : *Guernica*. « J'ai connu la fin mythique de la rive gauche avec toutes les idées existentialistes de Jean-Paul Sartre. Ce bouillonnement intellectuel avec Juliette Gréco et Léo Ferré était fascinant, mais maintenant, il n'y a plus que des couturiers, des gens très talentueux, mais c'est un peu choquant de les voir tous là, s'installer petit à petit et exploiter le mot "rive gauche" comme un truc synonyme de bon goût à pognon, de bon goût chic, alors que c'était un quartier d'artistes, de musiciens marrants et de révolutionnaires. C'était ça, la rive gauche.[181] »

Les investisseurs en tous genres ont mis à mal l'âme des quartiers Montparnasse et Saint-Germain-des-Prés.

181. *Ibid.*

Si l'architecture des immeubles du XVIIe siècle semble immuable, ces derniers se sont vidés des commerces qui ont fait sa spécificité. Les librairies aussi sont les victimes collatérales du profit : « Les marchands malappris/ Qui ailleurs ont déjà tout pris/ Viennent vendre leurs habits en librairie. »

Cette rive gauche baptisée « L'Université » par Victor Hugo n'est plus. Cette réserve intellectuelle a été pulvérisée avec le plus grand des mépris : « Rive Gauche à Paris/ Adieu mon pays/ Adieu le jazz, adieu la nuit/ Un État dans l'état d'esprit/ Traité par le mépris. » « Évoquer Saint-Germain-des-Prés, ça peut paraître snob parce qu'il s'agit juste d'un quartier de la capitale. Mais il a acquis dans notre mémoire, dans notre histoire, quelque chose d'universel. Ses petites rues sombres, ses cabarets fauchés, ses librairies étaient le rendez-vous d'artistes, de grands du jazz, d'intellectuels, d'étudiants, de traînards. C'était à nous tous, pas aux bijoutiers ni aux couturiers ! Dommage qu'un rouleau compresseur ait changé ça. La chanson n'y fait rien, elle signale juste que le monde change, pas forcément comme on voudrait…[182] »

Douce consolation pour Alain Souchon pendant ses balades côté rive gauche : croiser certains matins Edgar Morin, qu'il adore, et ses yeux rieurs.

182. *Télérama*, 10 novembre 1999.

« CATERPILLAR »

CHEFFES DE CHANTIER

En tant qu'artiste, Alain Souchon possède ce pouvoir de laisser vivre en lui plusieurs personnalités sans pour autant inquiéter le corps médical. D'un côté, il y a l'homme marié et père de famille ; de l'autre, le chanteur resté adolescent, dont l'imagination est titillée par les filles.

« Je suis comme tous les hommes, alors il y a forcément autre chose que du romantisme. Je vis un mariage très heureux… mais ça ne m'empêche pas de penser qu'il y a un paquet de filles bien roulées *[sourire]*… Enfin, globalement, c'est quand même le romantisme qui l'emporte. Cette nonchalance, cette tendresse me vient peut-être de la fascination que j'ai pour l'Afrique du Nord, où j'ai passé un peu de temps lorsque j'étais gamin. J'ai toujours été admiratif de cette douceur, de cette façon d'appréhender le temps, la vie, la mort. J'aime ces gens, leur façon de s'asseoir en tailleur au bord de la route, d'y rester pendant des heures, de prendre le temps. Je suis fasciné par cette placidité, cette lenteur...[183] » Avec « Caterpillar », Alain Souchon devient orpailleur. Il trouve la veine aurifère pour décrire, avec justesse et subtilité, l'image ravageuse que laissent les filles dans son cœur : « Caterpillar dans la lingerie fine/ Dans l'eau de Shalimar les barres à mines. » L'auteur est fier de sa formule avoisinant l'oxymore. « C'est marrant d'associer ces choses qui ne vont pas ensemble, c'est ça que j'aime bien faire », répète-t-il à l'envi.

En marchant dans Paris, il remarque sur divers chantiers de gros engins jaunes siglés Caterpillar qui éventrent les rues. La sonorité du mot lui plaît. Le tableau aussi. « Les filles dans nos cœurs/ Font des travaux d'aménagement/ Souvent au marteau-piqueur/ Et sans ménagement. »

Dès l'adolescence, les filles ont distillé chez Alain Souchon un sentiment d'intranquillité. Il n'a pas oublié qu'à 13 ans le jeune Alain s'ennuyait dans les boums car les filles ne faisaient pas attention à lui. Lui les dévorait des yeux, aurait aimé danser un slow avec elles, qu'elles aient un mot gentil... Mieux : qu'elles l'embrassent... Mais rien n'arrivait jamais. Les filles sont longtemps restées pour lui, complexé par son physique et d'une grande timidité, un fantasme qui peuplait plus ses songes que ses jours. Son sésame pour qu'elles posent enfin un regard sur lui réside en un mot magique : « guitare ». Mais le mal est fait. Alain Souchon éprouve toujours un sentiment d'infériorité envers la gent féminine, ce qui le rend méfiant : « Les filles dans nos cœurs/ Font leurs grands travaux/ Pour qu'on redevienne enfants d'chœur/ Des p'tits nouveaux. »

Dans sa chanson, Souchon met en relief ces travers qu'ont les filles de vouloir non seulement refaçonner les garçons dont elles tombent amoureuses, mais aussi s'empresser de

183. *Les Inrockuptibles*, 15 novembre 1995.

leur redonner une certaine virginité. Les filles nettoient dans leurs cœurs « à la dynamite » afin de faire table rase du passé : « Pour ôter les anciennes douceurs de cousines/ Qui nous avaient demandé l'heure un soir en cuisine. » Alain Souchon renvoie à la chanson « Câlin-câline », qu'il chantait en 1976 : « Pleure pas, cousine/ Souviens-toi câlin câline/ Dans les greniers, les soupentes/ Pendant qu'elle dormait, ta tante/ Romorantin, tu te souviens l'été soixante ?/ Paris-province/ La nuit, le parquet qui grince/ Au fond du couloir/ Ta chambre est dans le noir/ Notre petit amour provisoire. »

Parfum mythique de la maison Guerlain, l'*Eau de Shalimar*, au-delà de la rime avec « Caterpillar », est un clin d'œil à « Initials B.B. » de Serge Gainsbourg, écrite lors de sa rupture avec Brigitte Bardot : « Elle ne porte rien/ D'autre qu'un peu/ D'essence de Guerlain/ Dans les cheveux. » Pour Souchon, les filles sont aussi insaisissables qu'un effluve de leur parfum. À la fois sensuelles, obsédantes, féminines, mystérieuses et terriblement déstabilisantes.

Petite sœur de « Sous les jupes des filles » et « Les Filles électriques », « Caterpillar » met également en exergue la question du pouvoir au sein du couple. L'amour engendre un rapport de force entre les hommes et les femmes. L'autre devient tour à tour son ami et son ennemi. « J'aurais aimé être impuissant. Les histoires d'amour, c'est joli, c'est romantique, mais, finalement, on morfle toujours.[184] »

Pur bijou de poésie, « Caterpillar », de prime abord, n'est pas la chanson la plus abordable de l'artiste, ce qui n'est pas pour lui déplaire : « Mes chansons ne sont pas toujours faciles, mais les gens sont intelligents, ils peuvent réfléchir, et puis leur demander cela, c'est une manière d'être un peu

184. *Paris Match*, mars 1986.

élégant.[185] » Son titre peut sembler hermétique en cas de lacunes en matière d'engins de chantier, mais Souchon l'a choisi pour apporter du mystère à sa chanson, pour attiser la curiosité de ceux qui vont la découvrir. « Parfois, ça me vient comme ça et ça ne peut pas être autrement. J'aime enfin que les auditeurs effectuent un peu le "travail" de la chanson, qu'elle leur évoque des choses, qu'ils comprennent tout seuls. J'aime bien que le public fasse "sa petite réflexion" autour de mes chansons.[186] »

Souchon refuse d'abaisser sa plume. L'image doit primer. « C'est vrai que j'ai l'air de ne pas y toucher. Mais je veux que mes chansons soient poétiques, un peu enlevées, un peu compliquées. Au moins, je reçois du courrier de gens qui sont contents que les chansons ne soient pas bâclées.[187] »

---

185. *Le Figaro*, mai 1993.
186. *Le Journal de la Sacem-SDRM*, mai-juin 1994.
187. *La Croix*, avril 1993.

« PARDON »

ÉCOCITOYEN

« Voilà ce qui est arrivé. On est partis au bord de la mer avec Laurent Voulzy et on a fait du bateau, et le soir et la nuit "Pardon". C'est pour ça que je parle de la Côte d'Azur car il y a trop de maisons », écrit Alain Souchon au bas de la chanson « Pardon » figurant sur le livret de l'album *Au ras des pâquerettes*. Alors qu'il s'est rendu avec Laurent Voulzy pour écrire son prochain album dans les Alpes-Maritimes, les deux compères trouvent un sujet d'inspiration sur place et écrivent un hymne écologique.

« Pardon pardon/ Pour la Côte d'Azur, excusez-nous/ Pour la Côte d'Azur/ Pardon pardon. » Du bateau sur lequel ils passent leurs après-midi, attendant le soir pour travailler, Souchon et Voulzy ont vue sur terre et le paysage offert est assez effrayant. Plus aucune colline vierge. Les maisons poussent comme des champignons. Que dire également des barres d'immeubles sises non loin du rivage donnant l'impression étouffante d'être à La Défense-sur-Méditerranée ?

Un paysage défiguré par l'homme pour satisfaire ses besoins et ses envies !

Alain Souchon prend le parti des animaux, des insectes, des végétaux et des cours d'eau. Tous souffrent de la mainmise de l'homme. L'artiste dénonce l'usage de pesticides – « On embête les bêtes avec des poudres/ Avec le DTT et le sulfate de soude » –, la pollution des rivières – « En regardant le temps passer dans la rivière/ On voit des métaux lourds et du sulfate de fer » – et celle de la mer : « Pardon pardon/ Pour cette flotte de plastique bleue/ Qui prend la mer pour des millénaires. » L'être humain va jusqu'à dégrader l'air qu'il respire : « On a troué l'éther et on perd de l'air. »

La musique de Laurent Voulzy suit le texte. Elle se fait légère sur les couplets bucoliques et devient plus rock quand il s'agit de souligner tous les dégâts perpétrés par l'homme.

L'auteur craint que, par l'appauvrissement de la terre, des espèces animales et végétales ne disparaissent. Que la diversité présente dans la campagne d'autrefois ne s'amenuise. Chez Alain Souchon, l'amour de la nature prend racine dans l'enfance. Il se souvient que, dans son appartement parisien situé dans le quartier huppé du 16e arrondissement, place de l'Église-d'Auteuil, il trouvait l'espace trop exigu pour abriter sa famille. Il regardait alors par la fenêtre et la mélancolie l'envahissait. Il ne rêvait plus que d'aller à la campagne, chez ses grands-parents, dans le Loir-et-Cher. « J'ai été un enfant de la ville frustré de campagne. On y passait l'été chez notre grand-père. J'étais fasciné. Je le suis toujours, par la vie des animaux sauvages, les faisans, les lièvres, les mésanges, les sangliers qui passent d'une forêt à l'autre. Ma chanson parle beaucoup d'animaux, comme les perdrix, je les trouve courageuses, les chevreuils aussi, tout le temps sur le qui-vive, mais ils se débrouillent, font leur vie et des bébés.[188] »

La campagne lui offre tout l'espace qu'il ne trouve pas en ville. Le petit garçon y puise une soif de liberté intense, et d'aventures aussi. Les grands espaces libèrent son imaginaire. Il se sent comme le héros de son livre préféré, *Robinson Crusoé* de Daniel Defoe. Lui n'échouera pas sur une île, mais dans une grotte ou dans une cabane construite de ses mains, dans les bois, dans laquelle il songe vivre à l'âge adulte. « J'aime énormément la nature, la campagne dans toute sa simplicité, avec une haie, un chardonneret, des pissenlits. Ça m'exalte ! Je m'y promène souvent. Je retourne sur les lieux de mon enfance où je connais chaque arbre. Nous étions mal logés mais tellement libres. Et puis je vais regarder les insectes, toutes les bêtes, mais c'est très abîmé parce qu'il n'y a aucun respect de la nature. Les écolos ont été nuls parce que tout le monde aime les fleurs et les chevreuils. La jeunesse est avec eux car ils disent des choses qui nous touchent plus que le libéralisme, mais ils se conduisent comme des politiciens ordinaires. Ils veulent un portefeuille ministériel. Je ne sais quoi… Ils sont trop cons.[189] »

Les bonheurs de l'enfance tatouent l'adulte qu'on devient. Pour ne pas perdre de vue le petit garçon qu'il était, Alain Souchon achète une ferme au milieu de la nature, à Ouchamps, dans son cher Loir-et-Cher, non loin de la forêt. Le chanteur fait de longues balades qui laissent aux souvenirs le temps de resurgir. « Je me souviens des bons moments passés à la ferme de la Bourdonnière, acquise par mon oncle dans les années trente. C'était sur la route de Fougères. On était très bien. Mes grands-parents y ont ensuite habité. Je m'y rendais

188. *Télérama*, 10 novembre 1999.
189. *Le Nouvel Observateur*, 17 novembre 1999.

lors des vacances. Dans les années cinquante, j'avais 6 ou 7 ans. Je me prenais pour un cow-boy sur un cheval. On se retrouvait avec les cousins dans un parc de onze hectares. Je dormais dans les champs. J'étais au paradis.[190] »

Alain Souchon se range du côté de Charles Darwin lorsque le naturaliste écrit : « L'amour pour toutes les créatures vivantes est le plus noble attribut de l'homme. »

Déjà, en 1976, sur une musique de Michel Jonasz, Alain Souchon partageait ses inquiétudes sur le sujet dans « Le monde change de peau », chanson extraite de l'opus *Bidon*. Il s'interrogeait, à la fois alarmé et lucide, sur les transformations du monde et sur ce que ces dernières allaient engendrer dans la société. « Dans la nuit, les oiseaux perdent leurs plumes/ Au clair de la lune, les avions s'allument/ Sur prairies, sur forêts, sur coccinelles/ Poussent des cancers cruels/ La ville est nouvelle, elle est nouvelle. »

Ne jouant jamais sur la corde du pathos, Alain Souchon choisit une mélodie enjouée pour chanter ce monde qui change de peau, afin d'alléger le propos et de nous faire croire que tout espoir n'est pas perdu…

190. « Alain Souchon en Loir-et-Cher », *Le Petit Solognot*, 3 septembre 2017.

« LA VIE NE VAUT RIEN »

VIVA LA VIDA !

Dans la vie parfaite, telle qu'il l'imagine, Alain Souchon aurait été un intellectuel. C'est le regret de sa vie. Alors, au fil de ses lectures, il glane quelquefois une phrase dans les ouvrages de grands auteurs. C'est le cas pour le titre de la chanson « La vie ne vaut rien », tiré d'une citation figurant dans *Les Conquérants* d'André Malraux, publié en 1928 : « J'ai appris qu'une vie ne vaut rien, mais que rien ne vaut la vie. »

Alain Souchon n'est pas le seul à avoir trouvé la maxime de Malraux à son goût. En 1971, Franck Fernandel chante « La vie ne vaut rien mais rien ne vaut la vie », accompagné par le mythique groupe de rock progressif Magma ! « On connaît son bonheur/ Le jour où il s'en va », dit la chanson qui s'inspire de Prévert.

Sur trois accords en boucle, comme pour « Foule sentimentale », Alain Souchon, lui, livre une mélodie touchante et entêtante, qui habille un texte sur « le sens de la vie », selon la formulation de Friedrich Nietzsche. Une interrogation métaphysique qui se décline en trois questions : d'où venons-nous ? Où allons-nous ? Qui sommes-nous ?

« Il a tourné sa vie dans tous les sens/ Pour savoir si ça avait un sens, l'existence/ Il a demandé leur avis à des tas de gens ravis, ravis/ De donner leur avis sur la vie. »

Qu'est-ce qui donne de la valeur à l'existence ? Pour Alain Souchon, c'est indéniablement son métier : « Devenir chanteur, cela a fait ma vie. C'est merveilleux d'écrire des choses dans sa chambre puis d'arriver devant une salle de six ou sept mille personnes et que tout le monde soit content d'entendre ce que vous avez écrit seul entre quatre murs. C'est merveilleux à vivre, on se dit qu'on a un truc qui est charmant pour les gens, ça vous remplit, ça vous rend heureux… C'est vrai…[191] »

La chanson lui a permis de se forger une identité dans une société où, lors des premières années de sa vie, il ne parvenait pas à se faire une place. « Le fait de faire des chansons et ce qu'on appelle une carrière m'a rendu plus normal… Qu'on me prenne pour un homme cultivé me donne une espèce d'assise, comme si j'étais une vraie personne. J'ai une existence sociale, une existence tout court.[192] »

Pour Souchon, être auteur, compositeur, interprète, c'est tisser un lien d'amitié. « J'ai eu la chance de recevoir le don d'écrire des chansons. Avec le succès, j'ai pu exposer mon point de vue. Je suis devenu un ami des gens. Un ami, c'est aussi quelqu'un qui vous dit des choses que vous pouvez comprendre. Il n'y a que ça d'important dans la vie, avec l'amour bien sûr…[193] »

191. Entretien de l'auteur avec Alain Souchon pour France Bleu, février 2024.
192. *Télérama*, 24 septembre 2008.
193. *La Croix*, 19 décembre 2008.

L'amour semble justement la valeur refuge du héros de la chanson « La vie ne vaut rien ». Sa quête sur la finalité de l'existence ne lui a apporté aucune réponse satisfaisante. Il s'aperçoit que tout le monde est sur le même bateau, ceux qui sont en haut de l'échelle comme ceux qui sont en bas, ceux qui croient en une divinité et ceux qui ne croient pas, et que chacun essaie de colorer la morosité de la vie. Réflexion faite, pour lui, seul l'amour peut donner une légèreté à l'existence : « La vie ne vaut rien, rien/ La vie ne vaut rien/ Mais moi quand je tiens, tiens/ Mais moi quand je tiens/ Là dans mes deux mains éblouies/ Les deux jolis petits seins de mon amie/ Là je dis/ Rien, rien, rien, rien ne vaut la vie. »

D'une question profonde, Alain Souchon fait une chanson acidulée, un bonbon qui fond sous la langue. Une injonction au *carpe diem.* « C'est dans les moments amoureux que l'on se dit que la vie vaut d'être vécue. Dans ce domaine, je ne suis pas désenchanté. Je ne suis pas Jacques Brel. Les rapports hommes-femmes me fascinent toujours. On ne sait pas qui a inventé ça. Mais ça, c'est bien fait.[194] »

Dans « La vie ne vaut rien », Souchon s'en donne à cœur joie avec la sonorité des mots, ce qui apporte du peps à la chanson qui pétille en bouche dans une lecture à haute voix. Il use d'allitérations en *s*, mais aussi en *v* qu'il envie tant à Serge Gainsbourg dans « La Javanaise » : « J'avoue, j'en ai bavé pas vous/ Mon amour/ Avant d'avoir eu vent de vous/ Mon amour… »

Juste avant « La vie ne vaut rien », Souchon a écrit une chanson dans la même veine, « Au ras des pâquerettes », qui met elle aussi en exergue la puissance de l'amour : « Sans ce penchant pour une personne/ L'être aimé/ Sans les ailes que ça vous donne/ D'être aimé/ On reste au ras

194. *Télérama*, 10 novembre 1990.

des pâquerettes. » « Je me suis appliqué, je me revois avec Laurent Voulzy à la campagne, j'aimais bien cette chanson, je croyais que ce serait une chanson qui aurait un succès fou, ça dit des choses simples et j'étais content de moi… Et puis la musique de Laurent, elle est planante, elle est géniale, mais même si j'adore la chanter, je ne la chante pas beaucoup car elle est assez difficile à chanter. Il faut avoir un peu de voix, elle est assez emphatique. Après, ça monte, la guitare monte. J'adore cette chanson, mais elle n'a pas de succès.[195] »

La chanson dévoile un artiste fidèle en amitié : dans « Au ras des pâquerettes », Alain Souchon fait un clin d'œil à Julien Clerc, mais surtout à son ami David McNeil, auteur qu'il vénère, en évoquant à son tour les seins de Sophie Marceau. « Sans les ballons de nos berceaux/ Qui s'envolaient/ Sans les seins de Sophie Marceau/ Qu'est-ce qu'on fait ? » En 1997, David McNeil écrit « Assez… Assez » pour Julien Clerc, titre dans lequel il énonce une liste de choses rondes opposées à des armes pointues, dans le souci d'écrire une ode à la paix. Parmi les rondeurs choisies, les seins de Sophie Marceau : « Faut des ballons, des cerceaux/ Et les seins de Sophie Marceau. » Une référence que l'actrice n'apprécie pas du tout, au point de le faire savoir publiquement. Volant au secours de McNeil, Souchon, facétieux, glisse un vers similaire dans sa chanson. « C'était une chanson de mon ami David McNeil, qui a été très peiné lorsque Sophie Marceau s'est rebiffée. Je m'étais dit alors que j'y reviendrais, sur ses seins, dans un prochain album. Elle a de jolis seins et elle est bien roulée, alors on l'aime bien, nous, les garçons. On aime la regarder, mais ça ne lui plaît pas.[196] »

195. « Alain Souchon : il chante un baiser », France Inter, 11 août 2007.
196. *Le Nouvel Observateur*, 17 novembre 1999.

« BONJOUR TRISTESSE »

AVEC SON MEILLEUR SOUVENIR…

En 1954, Françoise Sagan publie *Bonjour tristesse*, son premier roman, à l'âge de 18 ans. Elle est encore mineure selon la loi alors en vigueur. Alain Souchon, lui, souffle ses 10 bougies. Il doit attendre encore quelques années pour se plonger avec délectation dans ces pages qui ont fait frémir la bourgeoisie dont lui-même est issu. Alain Souchon est aussi impressionné par le style que par la soif de liberté de Françoise Sagan, qui mène sa vie comme elle l'entend, sans se soucier des bonnes manières.

« Je l'admirais beaucoup. J'ai toujours adoré ce qu'elle faisait, la façon dont elle s'exprimait, ce qu'elle disait, ce qu'elle était. Elle a toujours dit des choses extrêmement justes, simples, sans frime. Un style ravissant, on entre dans un de ses livres, et c'est délicieux, élégant et très original. […] C'est du bon français subtil. Elle décrit les sentiments et les gens d'une manière que j'adore vraiment »[197]. Françoise Sagan est elle aussi touchée par l'univers d'Alain Souchon, au point d'aller l'applaudir à l'Olympia et de lui écrire pour lui dire à quel point elle l'aime. « Dans sa lettre, elle a tourné ses phrases à sa façon, en instaurant une communication simple entre nous. Elle disait : "Vous êtes tout ce qu'on aime." Comme si je faisais partie de sa bande. J'ai adoré. Peu après, elle m'a invité à passer le réveillon avec elle. J'ai répondu que je ne pouvais pas et je n'y suis pas allé. Je la trouvais très brillante et je savais qu'elle était entourée de gens drôles, intelligents et cultivés. Elle avait été l'amie de Jacques Chazot dans le temps. J'étais impressionné. J'ai craint de n'être pas à la hauteur. Après, j'ai eu des remords et je pensais que la rencontre se ferait un jour. J'ai été triste d'apprendre qu'elle était malade. Alors j'ai écrit cette chanson sur elle. Et puis elle est morte.[198] »

Une fois encore, le petit garçon complexé par son inculture a pris le dessus sur l'auteur-compositeur-interprète brillant qu'il est devenu. Il décline l'invitation par peur de décevoir les attentes que Françoise Sagan a mises en lui. Alors, comme on envoie un bouquet de fleurs à la maîtresse de maison après un dîner, il décide d'écrire une chanson pour lui faire part de son admiration, pour qu'il n'y ait pas de quiproquo. S'il n'a pas répondu favorablement à l'invitation, ce n'est pas parce qu'il ne l'aime pas, mais au contraire parce qu'il l'aime trop. « J'ai pensé à faire une chanson pour louer son travail, une chanson à sa gloire, en me disant que ça lui ferait plaisir. Malheureusement, elle est morte entre-temps. Cela m'a fait beaucoup de peine. Je me suis dit : "C'est con, elle n'aura pas eu mon message."[199] »

---

197. *Chorus*, été 2005.
198. *Le Nouvel Observateur*, septembre 2005.
199. *Chorus*, été 2005.

C'est dans un TGV que l'inspiration de « Bonjour tristesse » vient à Alain Souchon : « J'aime bien voyager et rêvasser. J'ai trouvé "Je chante ma ritournelle/ À la gloire d'elle" dans le train. Ça m'a fait le voyage, j'étais content.[200] »

Pour le refrain, Souchon énumère les titres des principaux romans de l'écrivaine : *Bonjour tristesse* ; *La Chamade* ; *La Laisse* ; *De guerre lasse* ; *Aimez-vous Brahms...* ; *Il fait beau jour et nuit* ; *Le Cheval évanoui* ; *Des yeux de soie* ; *Bonheur, Impair et Passe...* Dans les couplets, il relate les principaux épisodes de la vie mouvementée de Sagan, qui ont contribué à écrire sa légende : son amour pour la vitesse et les voitures de sport – « Dans les Jaguar sublimes/ Et les Aston Martin » –, son addiction au casino et au jeu – « Au black jack, au ch'min de fer, au tour de passe-passe » –, mais aussi sa vie dissolue noyée dans l'alcool, la drogue et le sexe – « Les dames et leurs jolis minois/ Les messieurs aussi se noient/ Dans le whisky, le rêve et l'alcool de noix » ou « Les jeunes filles un peu coquines/ Que des messieurs plus âgés taquinent ». « Françoise Sagan sortait tous les soirs, rentrait torchée chez elle, ça me fascinait. Jeune, j'allais dans des endroits où je pouvais rencontrer des filles. Je buvais deux ou trois whiskys pour me donner du courage. Seulement ça me faisait vomir. Et donc je n'ai pas pu mener cette vie de débauche qui m'attirait.[201] »

Le fantasme d'Alain Souchon est de se glisser dans la peau de Françoise Sagan, pour être aussi déraisonnable qu'elle parfois. « Je crois qu'elle est allée claquer toute sa fortune au casino de Deauville. C'est merveilleux, elle n'a rien à foutre de rien. J'admire la déglingue, et moi, je ne peux pas, je ne sais pas pourquoi. Je suis plutôt du côté des moines, je

200. *Ibid.*
201. *Télérama*, 27 septembre 2008.

regrette de ne pas être bringueur, je suis trop sérieux, tout en aimant déconner, mais sérieux. Je suis ce que l'on appelle un ennuyeux, et je suis ennuyé d'être ennuyeux.[202] » Lui qui s'empêche bien des rêves est fasciné par cette tornade blonde. « Tout me plaît, qu'elle soit à la fois bourgeoise et rock'n'roll, distraite et engagée. Elle aimait autant la nature – j'aimais sa manière de s'asseoir sous un arbre, de humer les foins et de toucher la terre – que la déglingue. Elle passait ses nuits en boîte comme seuls peuvent le faire les déglingués. J'appréciais aussi son point de vue, toujours juste, idéal. Quand on lui demandait si, chez un homme, la beauté était importante, elle était en train de dire que le charme comptait davantage, mais elle reconnaissait qu'un maître-nageur était plus attirant qu'un homme bedonnant. J'adore ça.[203] »

Mais Souchon sent bien que cette manière exagérée de jouir de la vie traduit un profond désarroi chez Sagan. Les « jolies mélancolies frêles » font office de paravents pour masquer un certain mal de vivre. « C'est la première qui a été humiliée par son succès. Elle a écrit *Bonjour tristesse* et on lui a dit seulement : “Ah, vous avez vendu tant !” C'est le monde du commerce qui déteste les artistes et qui passe son temps à la télé à dire : “Lui, il a vendu tant de disques, donc c'est un bon artiste. Lui, il n'en a vendu que tant, donc ce n'est pas un bon artiste.” C'est atroce, mais c'est comme ça. C'est une vengeance du commerce sur l'art. Et Sagan en a été la première victime.[204] »

À la mort de Françoise Sagan, disparue le 24 septembre 2004 à Équemauville, dans le Calvados, Alain Souchon s'offusque du mépris avec lequel sont traitées non seulement l'écrivaine réduite à ses démons mais aussi son œuvre.

202. « Pop N' Co », France Inter, 7 juin 2021.
203. *Le Nouvel Observateur*, septembre 2005.
204. *Chorus*, été 2005.

« Françoise Sagan est un génie, autant le dire tout de suite. Quand j'entends les littéraires parler avec condescendance de sa petite musique, j'ai envie de les gifler. Ils passent à côté de son œuvre. La force des romans de Sagan est indicible.[205] »

La vie est parfois mauvaise scénariste. Celle qui, privée par son père de son patronyme Quoirez comme nom de plume, choisit comme pseudonyme celui de la princesse de Sagan, qui a servi de modèle à Madame de Luxembourg, l'un des personnages d'*À la recherche du temps perdu* de Marcel Proust, ne saura jamais l'admiration que Souchon lui vouait.

Fait rare, la chanson « Bonjour tristesse », dont paroles et musique sont signées Souchon, figure sur l'album *La Vie Théodore*, paru en 2005, mais aussi sur le suivant, *Écoutez d'où ma peine vient*, dans une nouvelle version. Souchon laisse le soin à l'auditeur de saisir la nuance entre les deux. Si, au départ, « Bonjour tristesse » était un simple hommage, Alain Souchon souhaite désormais que la chanson serve de passerelle, incitant ceux qui écoutent ses disques à redécouvrir l'œuvre magistrale de Françoise Sagan. « Ses bouquins, son style, on tourne les pages avec avidité, cela vous prend, dans la justesse [...]. Pour moi, Sagan est comme un être parfait. Parlant bien de l'herbe, des chevaux, tout en passant sa vie avec des rigolos dans les boîtes »[206].

205. *Le Nouvel Observateur*, septembre 2005.
206. *Le Monde*, 1er septembre 2005.

« LA VIE THÉODORE »

LES HOMMES QUI MARCHENT

Pour son onzième album, Alain Souchon désire rendre hommage à diverses personnalités qui le touchent. Mais la mort de Françoise Sagan, au cours de l'année 2004, empêche l'entreprise d'aller à son terme. Souchon n'a plus le cœur à poursuivre. Restent seulement deux chansons du projet originel, « Bonjour tristesse », dédiée à l'écrivaine, et « La Vie Théodore », qui donne son titre à l'album et évoque la vie de Théodore Monod, scientifique naturaliste et humaniste considéré comme le plus grand spécialiste français des déserts.

« J'admire la vie de Théodore Monod. Comment cet homme a pris l'existence, comment ce grand scientifique a fait de sa vie quelque chose d'aussi humble. En général, quand ils sont doués, les gens font ce qui leur rapporte le plus. Lui, il allait dans le désert avec ses godillots, pour prier avec sa Bible, très protestant, très aride. Les religions ont souvent quelque chose d'un peu obtus, mais lui, quand il était interviewé, il disait des choses parfaites, tout en ayant cette vie ascétique qui me fascine. C'est comme une vie idéale. Moi, j'ai envie de la foi et je n'arrive pas à la trouver. Quand je pars en bateau, j'emporte la Bible. Je suis transporté par la poésie, mais pas par la transcendance. Malheureusement.[207] » « Jamais je n'ai aussi bien pensé, n'ai autant vécu, n'ai aussi bien été moi-même que dans les longs voyages que j'ai faits seul à pied », rapporte Théodore Monod dans un de ses récits de voyage. Une pensée qui saisit Alain Souchon. « J'ai vu un documentaire à la télévision, Théodore Monod m'a frappé. [...] Il se dégageait de cet homme une formidable sérénité. Il n'était pas sûr de lui comme un idiot. Il avait l'air d'avoir fait sa vie, de chercher plus loin dans les sciences et de prier. Moi, immergé dans la futilité du show business, j'ai été impressionné »[208].

Alain Souchon considère Théodore Monod comme un homme important pour la société, un homme qui devrait donner des conférences dans les universités afin d'ouvrir le champ des possibles à la jeunesse. Que celui-ci vive de manière ascétique dans le désert en priant, comme un retour à l'essentiel, fascine l'artiste. « Je me dis : "Mais dans le fond, c'est ça, mon idéal de vie." Marcher dans le désert, peut-être aller jusqu'à prier une fois alors que je ne suis pas croyant. C'est biblique. Théodore était à la fois un grand chrétien et un scientifique. Être en contact direct dans la nature avec ce qu'il y a de rude et, en même temps, chercher Dieu, ça résume la vie de l'homme.[209] »

Souchon est admiratif des hommes qui soignent simultanément leur corps et leur esprit. « J'ai un frère qui est géologue, qui a passé la moitié de son temps à la Sorbonne à donner des cours, à faire de la recherche en laboratoire, et l'autre

207. *Le Figaro*, septembre 2005.
208. *Le Monde*, 1er septembre 2005.
209. *Chorus*, été 2005.

moitié à étudier sur une montagne qui s'appelle le Cervin, au nord de l'Italie. J'admire ce mélange de nature et d'intellectualisme. J'ai un autre frère qui était professeur d'anglais et en même temps guide de montagne. En général, les gens qui sont très physiques – parce que guide, c'est très difficile physiquement – et les gens qui sont intellectuels ne sont pas faits pour se rencontrer, ils ont des chemins très différents. Et les gens qui sont les deux, comme le philosophe Michel Serres qui crapahutait en montagne, c'est extraordinaire.[210] »

La ville, la mer, la campagne, la montagne : peu importe le terrain, Alain Souchon est un adepte des longues marches. Il se sent à l'aise dans les éléments. « Marcher est une hygiène de vie. Dans le Loir-et-Cher, je prends une carte d'état-major, je fixe un point à vingt kilomètres, et, une fois arrivé à destination, j'appelle ma femme pour qu'elle vienne me chercher en voiture. Elle me trouve rasoir.[211] »

La montagne lui est un milieu familier. Jeune, il a gravi l'aiguille du Midi. « Seul, je m'étais battu. Et seul, j'avais gagné pour la première fois. J'ai l'impression d'exister dans mon corps, d'être quelqu'un d'unique en marge du monde.[212] » Il se souvient encore de ses balades en solitaire en montagne. « Je marche en remettant tout en question, quand, tout à coup, je vois sortir une tête suivie d'un corps un peu lourd, mou et assez gros. Je suis scié par cette présence de bête qui me fait penser à un petit ours. C'est une marmotte. On ne fait jamais ce genre de rencontre romanesque à Paris. J'adore aussi la mer. Chaque année, je loue un voilier de douze ou treize mètres et je pars en mer avec un ami qui sait naviguer. Ça m'amuse de reconnaître les bouées, de suivre le trajet sur la carte.[213] »

---

210. « Alain Souchon : il chante un baiser », France Inter, 11 août 2007.
211. *Le Journal du dimanche*, novembre 2021.
212. *Alain Souchon, le rebelle en douce*, Richard Cannavo, éditions JC Lattès, 1998.
213. *Le Nouvel Observateur*, octobre 2007.

À l'instar de Théodore Monod, Alain Souchon a également marché dans le désert. « J'en garde un souvenir merveilleux. On dormait sur le sable, dans des grottes. On était heureux. Le soir, on allumait des feux avec nos guides qui chantaient leurs litanies, qui jouaient du tam-tam, qui racontaient des histoires. Ensuite, on leur chantait "Aux marches du palais".[214] »

Marcher lui permet de s'oxygéner, de réfléchir et, comme Théodore Monod qui partait à la recherche de petites plantes dans le désert pour les étudier, Alain Souchon part à la chasse aux vers pour ses prochaines chansons. Il considère d'ailleurs l'écriture comme un sport. « Plus on écrit, plus ça vient facilement. Quand je sors un album, j'en fais la promo, puis je pars en tournée. Ça dure longtemps, alors quand on s'y remet deux ans après, on ne sait plus bien faire de chansons. Il faut vraiment s'entretenir. Quand on en a fait une, ce qui est le plus difficile à faire, après la deuxième, c'est mieux, et à la sixième, cela va assez facilement. Ce n'est pas un travail considérable de faire des chansons, cela devient un travail quand quelquefois on n'y arrive pas. Mais en règle générale, c'est un plaisir. Il m'arrive de ramer pendant quinze jours, puis de montrer ma chanson à ma femme et à Laurent en leur disant : "Regardez ce que j'ai trouvé !" S'ils l'aiment, je suis très, très heureux.[215] »

Alain Souchon se sent l'âme d'un aventurier, il a longtemps rêvé de suivre le chemin de Compostelle avant de se raviser. Il préfère un voyage en solitaire et songe, à l'instar de Sylvain Tesson, à arpenter ses chemins noirs. « J'adore Sylvain Tesson parce qu'il est à la fois un intellectuel et un alpiniste. J'aime ce mélange entre le goût du danger physique et le goût pour la réflexion et la culture.[216] »

---

214. *Ibid.*
215. Entretien de l'auteur avec Alain Souchon pour France Bleu, février 2024.
216. *Paris Match*, 5 décembre 2020.

« ET SI EN PLUS Y'A PERSONNE »

RESTER DEBOUT !

Parue en 2005 sur l'album *La Vie Théodore*, la chanson agnostique d'Alain Souchon « Et si en plus y'a personne » devient, dix ans plus tard, à la suite des attentats de novembre 2015 en France, le symbole de la lutte contre l'obscurantisme religieux, le ciment qui permet au peuple français de résister face aux actes de barbarie, perpétrés par ceux qui prennent du plaisir à « zigouiller ».

Le lendemain des attentats du 13 novembre 2015, Alain Souchon et Laurent Voulzy se produisent en concert à Bruxelles. Voulzy se souvient : « On a choisi de maintenir le concert, même si une partie du public n'est pas venue. Quand Alain a chanté "Et si en plus y'a personne", c'était dingue ! Cette chanson a pris une ampleur incroyable. À la fin, il y a eu un grand silence, puis la salle s'est levée pour applaudir à tout rompre. Dans les coulisses, on avait les larmes aux yeux…[217] » Souchon poursuit : « C'était joli, parce qu'on avait l'impression de tous se donner la main pour se dire : "On ne va pas se laisser faire par ces connards."[218] »

Face à l'horreur, la chanson prend une dimension différente et révèle son fort pouvoir de cohésion. « Ce sont vraiment des moments particuliers à vivre car on était concernés par ce qui venait de se passer. On était tous accablés, et de ressentir que l'on se retrouvait un petit peu dans la chanson, la musique et les paroles, c'est quelque chose de très troublant, une cohérence, une adhésion entre tous les êtres humains, entre tous ceux qui écoutent. C'est magnifique. »

L'idée de la chanson est venue à Alain Souchon en regardant le monde et son agitation. « Je suis fasciné par les histoires de religion. On s'est tous posé des questions idiotes mais évidentes, comme "D'où vient-on ?", "Que se passe-t-il après la mort ?" ou "C'est quoi, la mort ?". C'est ce qui régit l'humanité… Alors, maintenant, des gens tuent tout le monde parce qu'on n'est pas musulmans. C'est stupéfiant. Car la seule question qui sous-tend tout ça, c'est cette peur de la mort. Cela devrait nous rassembler, mais ça nous divise depuis toujours.[219] »

En trois prénoms – Abderrahmane, Martin et David –, Alain Souchon s'adresse aux croyants des trois principales religions monothéistes – l'islam, le christianisme et le judaïsme – et leur pose la question fatidique : « Et si en plus y'a personne » ? Combien d'êtres humains seront alors morts pour rien lors de tous les combats menés au nom des religions depuis des siècles ? Pour l'artiste, la religion revêt plusieurs visages. « Il y a le côté pervers de la religion qui sert à gouverner, à faire marcher les peuples droit par la grâce de Dieu. La royauté

217. *Le Parisien*, 21 novembre 2016.
218. *Ibid.*
219. *Paris Match*, 8 décembre 2016.

absolue tenait grâce à la religion. Il y a la religion en soi, puis celle qui dit : “Voilà comment c’est organisé dans l’au-delà.” Mais personne ne sait ! Même un grand chrétien doute forcément à certains moments… Mais quand on est athée, on doute aussi, on se dit : “Et s’il y avait quelqu’un ?” C’est la question fondamentale. Et donc, ma chanson, c’est ça : “Si en plus y’a personne”, cela vaut-il le coup de se bagarrer jusqu’à s’entretuer, chacun avec ses certitudes ? En fait, le mot important de la chanson, c’est : “Est-ce que ce n’est pas simplement le plaisir de zigouiller ?” Parce que les hommes aiment se battre. Je ne me suis jamais senti comme ça… Je ne suis pas un “tueur”, ni dans la vie ni dans mon métier.[220] »

Alain Souchon écrit sa légende. Il a grandi en tant qu’enfant de chœur, puis la foi l’a quitté quand il a découvert les Rolling Stones. « La foi est quelque chose que je ne connais pas. Mais si je crois les gens qui l’ont éprouvée, c’est une illumination intérieure qui peut venir en trois secondes dans une église. C’est arrivé à Paul Claudel. Visiblement, cela vous éclaire, vous donne une certitude d’enchantement […]. Je n’ai pas eu cette illumination. Je trouve ça assez beau, les religions, étant donné le côté terre-à-terre de la vie. Évidemment, on a tous quelque chose de spirituel, qui se tourne vers le ciel, vers l’infini, vers la vie, vers la mort. Qu’il y ait une canne comme ça, c’est quand même bien que ça existe. Alors ça m’attire »[221].

Ayant été élevé dans la religion catholique, même si sa ferveur n’est plus la même, Alain Souchon est fasciné par la foi. « Les religions me touchent beaucoup parce qu’elles proposent un secours dont tous les hommes ont besoin. Ils sont un peu perdus dans cet inconnu où nous nous trouvons : la terre,

220. *Chorus*, été 2005.
221. « Ondes de choc », France Inter, 14 février 2006.

l'infini, la mort… Donc, les religions apportent des réponses aussi bien aux musulmans qu'aux juifs, aux bouddhistes ou aux chrétiens. Cependant, l'extraordinaire des événements récents de la vie mondiale est de constater que des guerres éclatent entre les gens à cause des religions : ils veulent que les autres choisissent la leur, sans ça ils les tuent ! Nous, on a fait pareil avec les croisades, l'Inquisition… Ce qui est curieux par rapport à ces guerres de religion, c'est qu'elles sont justement tellement loin de la religion ! C'est tragiquement drôle.[222] »

Très pointilleux, comme à l'accoutumée, sur le choix des mots, Alain Souchon n'hésite pas à améliorer son texte même après l'enregistrement de la chanson. « J'ai un truc qui me turlupine. Je dis "Il y a tant de questions et tant de mystères/ Tant de compassions et tant de revolvers" alors que j'aurais dû mettre "Tant de passions et tant de mystères/ Tant de compassions et tant de revolvers". Ça m'embête, je crois que, sur scène, je vais mettre "passions".[223] »

Comme souvent, le texte de la chanson a été inspiré à Alain Souchon par la musique de Laurent Voulzy. « C'était un instant magique quand Laurent m'a fait écouter sa musique, du moins le début. Il me demande : "Qu'est-ce que t'en penses ?" Je lui réponds : "C'est vachement bien." Il y avait quelque chose d'un peu emphatique et évident. J'avais ma phrase "Et si en plus y'a personne" et c'est venu tout seul. Cette chanson résonne dans le cœur des gens. Tout le monde se bat depuis deux mille ans, deux mille ans qu'on ne sait rien et on se bat pour quelque chose dont on ne sait rien. C'est absurde. Encore, si on se bat pour une frontière, c'est quelque chose qu'on comprend, mais là, c'est difficile.[224] »

222. *Le Télégramme*, 29 mars 2006.
223. *Le Figaro*, février 2006.
224. « Ondes de choc », France Inter, 14 février 2006.

« PARACHUTE DORÉ »

LE MÉPRIS DES CLASSES

Avec « Parachute doré », extrait de son douzième album studio, *Écoutez d'où ma peine vient*, Alain Souchon retrouve sa plume caustique pour dénoncer les abus et les excès scandaleux de la haute finance et des grandes entreprises dans le contexte de la crise financière mondiale de 2007-2008.

Souchon a dans son viseur le « parachute doré » ou le « parachute en or » qui, par définition, est « le nom donné à une prime de départ prenant la forme d'une clause contractuelle entre un dirigeant d'une société anonyme et l'entreprise qui l'emploie ». « C'est le capitalisme dans tous ses excès qui s'auto-tue, s'auto-mutile. Il semble qu'on n'ait pas trouvé autre chose. Alors il faudrait l'atténuer et l'humaniser. Les parachutes dorés, c'est ahurissant, révoltant. L'univers de la finance n'en finit pas de bousiller la société. Quand j'avais 20 ans, les traders n'existaient pas : le monde fumait des pétards au soleil avec des filles pas farouches. Cette douceur imprégnait la société. Le *Flower Power*, c'était à la fois beau et intelligent, un peu cucul la praline, mais je me disais que, quand ces gens auraient l'âge d'être au pouvoir, ça irait mieux. En fait, c'est pire qu'avant. Tout est plus violent. L'argent et la violence du CAC 40 y sont pour beaucoup. Le monde est devenu fou.[225] »

« La boîte a coulé, mais pouce !/ On va se la couler douce/ La pilule, on va se la dorer/ J'ai le parachute, chut, doré. » Cette prime de départ fixe les indemnités versées lors d'une éviction à la suite d'un licenciement, d'une restructuration, d'une fusion avec une autre société ou même lors d'un départ programmé de l'intéressé. Elle peut atteindre parfois plusieurs millions. Par exemple, en 2002, Jean-Marie Messier, remercié par Vivendi Universal, a touché 20,5 millions d'euros. En 2003, Philippe Jaffré, licencié d'Elf, est reparti avec dix-neuf millions d'euros.

Souchon s'insurge contre ces pratiques. Elles récompensent grassement les grands patrons qui n'ont pas su effectuer correctement le travail demandé et qui n'ont pas un regard pour l'ouvrier qui se lève tous les matins pour le bon fonctionnement de l'entreprise. Celui-là paiera cher sa moindre défaillance. Pour l'artiste, c'est un monde « sans queue, ni tête » qui s'annonce. « J'avais fait cette chanson il y a un an, la trouvant tellement d'actualité avec toutes ces histoires d'argent que je me suis dit : "On va la balancer gratuitement." En ce moment, on parle trop de ça, c'est trop marrant. Ça m'a amusé et on l'a mise ainsi sur Internet, gratuitement.[226] »

Effectivement, c'est la période où l'on commence également à parler de la loi Hadopi (disparue en 2022) favorisant

225. *L'Humanité*, 28 novembre 2008.
226. Interview d'Alain Souchon à la Fnac, 14 novembre 2008.

la diffusion et la protection de la création sur Internet. C'est dans ce contexte qu'Alain Souchon, au lieu de faire payer son titre, le balance gratuitement sur son site officiel, créé par son fils Ours, suscitant ainsi l'événement. Opération réussie : une chanson inédite de Souchon est toujours très prisée. « Parachute doré » génère plus de mille téléchargements par heure ! Fidèle à sa philosophie, ce titre, co-écrit avec David McNeil, est habillé d'une musique légère et ensoleillée, co-signée Alain et Pierre Souchon, toujours dans le souci d'alléger un propos sérieux. Le clip va dans ce sens : on y voit Souchon se déhancher en faisant le pitre.

« POPOPO »

LES HÉROS QU'ON MÉRITE

Impossible pour Alain Souchon de publier son nouvel album, *Écoutez d'où ma peine vient*, sans une chanson signée Souchon-Voulzy. Occupé à peaufiner son opus *Recollection*, Laurent Voulzy se libère in extremis pour enregistrer « Popopo », un titre qui égratigne l'image d'une icône internationale : Ernesto Guevara.

Agacé de voir de jolies filles arborer sur leur poitrine le portrait du Che, Alain Souchon décide de casser l'image romantique du guérillero en effectuant quelques recherches sur Internet à son sujet. « C'est le côté obligé qui m'énerve. On est obligé de penser que c'est un saint. Évidemment, il était beau mec, alors ça m'amuse de démolir cette image parfaite, récupérée par le monde capitaliste pour en faire du pognon alors que c'était un communiste. Ce qui m'agace, c'est cette obligation de le trouver extraordinaire, alors que, si on fouille un peu, on s'aperçoit que c'est un type comme les autres. Il avait quelque chose de formidable, en effet, il était très charismatique, il entraînait dans le bon sens les gens qui étaient opprimés, certes, mais il savait bien manier les revolvers. Il a fait tuer des gens de manière fort cruelle, il en a tué lui-même avec son pistolet, son cigare à la bouche, en ricanant. Il me semble que l'on peut chanter cette facette du personnage.[227] » « Le pistolet sur la tête/ Du fonctionnaire bête/ Du paysan analphabète/ Ce héros romantique. »

Depuis son exécution le 9 octobre 1967 par des militaires boliviens, Che Guevara fait l'objet d'un culte de la personnalité. Son portrait réalisé par Alberto Korda – qui n'a jamais perçu de droits d'auteur – est considéré comme l'une des photographies les plus célèbres au monde. Alain Souchon reprend : « Je me suis fait tirer les oreilles. Je ne pensais pas avoir affaire à un tel intégrisme autour de sa personne.[228] » Difficile de s'attaquer à celui qui est toujours considéré par des millions de personnes, notamment à Cuba, en Argentine et dans tous les pays d'Amérique latine, comme un héros révolutionnaire, un bienfaiteur de l'humanité.

Pourtant, Alain Souchon trouve un allié de taille en la personne de Jacobo Machover, auteur cubain exilé en France qui, dans *La Face cachée du Che*, une biographie de Che Guevara parue en 2007, taille en pièces l'image du révolutionnaire romantique et altruiste, ajoutant qu'il était d'une cruauté insensée et qu'il aurait dû être jugé pour ses crimes. L'universitaire, écrivain et journaliste le décrit comme un « bourreau fanatique ». Il connaît bien le personnage : son père fut interprète auprès d'Ernesto Guevara, avant de s'exiler en France avec sa famille en 1963.

La chanson vaut quelques critiques à Alain Souchon à la sortie de l'album. Le bouche-à-oreille fonctionne au mieux

227. « Nonobstant », France Inter, 18 décembre 2008.
228. *Ibid.*

chez les admirateurs du Che. Et il faut bien ça : « Popopo » est une chanson cachée, qui figure sans être inscrite sur la pochette de l'opus après la dernière chanson listée. Il faut laisser un silence de quinze secondes pour la découvrir.

Alain Souchon rend ainsi hommage à « Her Majesty » des Beatles, que l'on trouve sur l'album *Abbey Road*, sorti en 1969, et qui serait le premier morceau caché de l'histoire de l'industrie du disque.

« OISEAU MALIN »

DEMAIN EST ENTRE NOS MAINS

Le 24 novembre 2014, quarante ans après « J'ai dix ans », leur premier tube écrit ensemble, « les duettistes », comme les surnommait Jacques Higelin, publient leur premier opus commun, baptisé sobrement *Alain Souchon & Laurent Voulzy*. Douze titres inédits, dont un chant visionnaire aux accents de révolution : « Oiseau malin ».

Pour Alain Souchon, auteur du texte, « l'idée essentielle de la chanson, c'est que le monde de demain est dans les mains de ceux qui n'ont rien. Ils font peur car ce sont eux qui se soulèveront. Alors il y a cet oiseau malin qui se balade au-dessus du monde et qui donne son avis sur tout ça. J'aime beaucoup cette chanson parce que j'aime bien dénoncer en douceur, comme dans "Parachute doré" ou dans "Poulaillers' Song" à mes débuts. Je ne suis pas révolutionnaire, j'ai toujours bien aimé être insidieux, insolent »[229].

229. *Les Inrockuptibles*, 10 décembre 2014.

Laurent Voulzy souligne, quant à lui, épaté, le côté prémonitoire du texte d'Alain Souchon qui a vu venir le mouvement des Gilets jaunes en 2018, quatre ans après l'écriture de la chanson. « Elle est quand même dingue, cette chanson, dingue pour Alain, car c'est quand même lui, le prophète, dans l'histoire.[230] »

Subtile idée que le choix de cet oiseau libre comme l'air, capable de se faufiler partout et, d'un battement d'ailes, de faire vaciller le monde des nantis. Un oiseau malin tel un Jiminy Cricket des gens de peu. Alain Souchon a bâti sa chanson autour de la phrase « Le monde de demain est dans les mains de ceux qui n'ont rien », les seuls à pouvoir se révolter sans risquer de tout perdre puisqu'ils ne possèdent rien. « Prenez garde à ceux qui n'ont rien/ À ceux qu'on laisse au bord du chemin/ Rêveurs rêvant le monde meilleur/ Ils voient la colère monter dans leurs cœurs. »

En entendant ce chant pour les plus démunis, se range dans le coin de nos mémoires le cri du cœur de Daniel Balavoine poussé sur le plateau du journal télévisé d'Antenne 2 en 1980, face à François Mitterrand, alors premier secrétaire du Parti socialiste : « Ce que je peux vous donner, c'est un avertissement. J'ai peut-être du culot de faire ça, mais ce que je peux vous dire, c'est que la jeunesse se désespère, elle est profondément désespérée parce qu'elle n'a plus d'appuis, elle ne croit plus en la politique française [...]. Le désespoir est mobilisateur, et lorsqu'il devient mobilisateur, il est dangereux et ça entraîne le terrorisme... Les jeunes vont finir par virer du mauvais côté parce qu'ils n'auront plus d'autre solution ». L'oiseau malin est-il plus entendu que Balavoine ?

230. TV5 Monde, juillet 2019.

Alain Souchon, en son for intérieur, pense que « les révolutions sont faites par les gens qui n'ont rien. Ce sont eux qui font que le monde avance, qu'il y a des lois sociales. Les nantis qui vont bien, ils n'ont pas envie que ça change. Les gens qui n'ont rien sont extrêmement importants. Il faut les prendre en compte. Je ne veux donner de leçon à personne, je ne sais pas comment résoudre les problèmes, mais je vois bien que ça ne va pas, qu'il y a des tas de zones d'ombre dans nos sociétés et que c'est difficile à vivre pour certains »[231]. Pour Voulzy, ce « prenez garde à ceux qui n'ont rien » pourrait se traduire par « ça va péter » !

La musique d'« Oiseau malin » est née d'un songe. Très réceptif, Laurent Voulzy prend l'habitude, depuis plus de vingt ans, de noter chacun de ses rêves. Non pas pour les analyser mais pour que ces derniers lui racontent une histoire. « Une nuit, à 5 heures du matin, je fais un rêve qui me souffle l'idée de prendre, pour les couplets, une musique de Mozart et me précise le couplet que je dois prendre. Je note le message sur mon carnet et je me rendors. Vers 9 heures du matin, je suis à nouveau réveillé pour une information complémentaire : "Il faut prendre le quatrième mouvement de la sérénade en *sol* majeur, dite 'Une petite musique de nuit', et le ralentir." Je raconte mon rêve à Alain qui est partant pour essayer.[232] »

C'est ainsi que… Mozart est crédité sur le disque !

Travailler sur un album commun a demandé quelques ajustements aux deux artistes. Si la musique revient de droit à Laurent Voulzy, il n'en est pas de même pour les textes. Quand ils travaillent sur la création d'un album de Souchon, pas de problème : Alain conserve ses textes. En revanche,

231. *Marianne*, 28 novembre 2014.
232. France Info, 13 août 2022.

si l'album est pour Voulzy, ce dernier a son mot à dire, ne voulant pas chanter certaines paroles ou certains thèmes. « C'est un exercice passionnant. Ce n'était pas un calvaire de travailler ensemble, mais ça a été plus difficile que prévu. Alain m'avait dit dès le départ que ce ne serait pas si simple parce qu'on est différents, lui et moi. Lui voit le verre à moitié vide, moi à moitié plein. Et puis j'ai tendance à mettre des chœurs partout alors qu'Alain est plus sobre[233] », souligne Laurent Voulzy. « En fait, on a inventé un troisième personnage qui est nous deux. Un personnage qu'on aime bien, avec qui on passe du temps quand on écrit des chansons. On y met sa vision du monde, sa personnalité. Il fallait réunir nos deux univers pour créer un autre monde. C'est vraiment créer un nouveau personnage, et en même temps, c'est nous deux.[234] »

Subterfuge nécessaire quand on sait que Laurent Voulzy rechigne à chanter des textes engagés. Il a fallu toute la finesse d'Alain Souchon pour le convaincre de chanter en duo « Oiseau malin ». « J'admire sa révolte. Je suis moins révolté qu'Alain, mais il a raison. Lui, il est cocher ; moi, je suis passager volontaire. Je n'aurais jamais imaginé "Oiseau malin". Il m'écrit des chansons plus douces d'ordinaire.[235] » « Si, musicalement, tout ce que fait Laurent me plaît, en revanche, pour les paroles, c'est quand même un peu le reflet de l'âme de quelqu'un. On a des personnalités, des préoccupations différentes dans la vie. Il fallait que cela nous convienne à tous les deux sans que ce soit fade[236] », souligne Alain Souchon.

Alain Souchon éprouve le besoin de coucher sur papier l'air du temps qu'il sent dans la rue, lors de ses balades. Il en

233. *Le Parisien*, 24 novembre 2014.

234. *Ibid.*

235. *L'Express*, 19 novembre 2014.

236. *L'Humanité*, 21 novembre 2014.

est persuadé, la colère gronde : « On continue de regarder le monde, un peu stupéfaits, en constatant que les choses progressent grâce à ceux qui n'ont rien et qui font les révolutions ou permettent parfois de changer les lois pour améliorer leur sort. Je reste sidéré de l'écart entre les espoirs qu'un homme peut nourrir à la naissance et la réalité avec laquelle il doit composer.[237] » « Les uns mangent, les autres regardent. Ainsi naissent les révolutions », dit un proverbe burkinabè.

237. *Libération*, 17 novembre 2014.

« ÂME FIFTIES »

CARTE POSTALE SÉPIA

Cinq ans après l'album en duo avec Laurent Voulzy, Alain Souchon revient sur le devant de la scène avec *Âme fifties* et de nouveaux partenaires musicaux : ses fils, Pierre et Ours, à la composition et à la réalisation. Une manière pour le trio non seulement de rattraper le temps perdu dans l'enfance, mais surtout de rechercher le meilleur écrin pour de nouvelles chansons. Parmi elles, « Âme fifties », qui donne son nom à l'album.

Né en 1944, Alain Souchon grandit dans les années cinquante. En fermant les yeux, il se revoit petit garçon et se souvient de son environnement : « À cette époque-là, on découvrait que c'était la guerre en Algérie ; à la radio, on entendait André Verchuren ; les gens allaient au cinéma et étaient fascinés par Jean Gabin, Jeanne Moreau, Jean-Paul Belmondo… Alors j'ai fait un état des lieux de ce que j'ai vu.[238] » « Dans la Radiola/ André Verchuren/ Les enfants soldats/ Dans les montagnes algériennes. »

238. RTL, 18 octobre 2019.

Souchon soigne particulièrement les références cinématographiques : « Rue Campagne-Première/ Personne le ramasse/ Quand il tombe par terre/ “Qu'est-ce que c'est, dégueulasse ?” » évoque la dernière scène du film *À bout de souffle* de Godard, dans laquelle le héros Michel Poiccard, un jeune voyou insolent interprété par Jean-Paul Belmondo, s'écroule, mortellement touché par le tir d'un policier, au carrefour de la rue Campagne-Première et du boulevard Raspail, à Paris, en prononçant ces derniers mots – « C'est vraiment dégueulasse » –, tandis que Patricia, sa fiancée incarnée par Jean Seberg, demande à ce même policier : « Qu'est-ce que c'est, dégueulasse ? »

« Au salon d'l'auto/ Sous l'Dôme/ “Touche pas au grisbi, ducon”/ Dans sa Vedette Vendôme/ Gabin bougon » fait référence à la fois au salon de l'auto, qui se tenait au Grand Palais, à Paris, et à la Ford Vendôme qu'utilise Jean Gabin dans le film *Touchez pas au grisbi* de Jacques Becker.

« Jeanne la fatale/ File au festival à deux cents à l'heure/ Dans le train Mistral/ Y'a un coiffeur » rappelle le film de François Truffaut, *La mariée était en noir,* dans lequel Jeanne Moreau monte à bord du Mistral, train rapide effectuant la liaison Paris-Nice et proposant – fait rare – les services d'un coiffeur !

La puissance de l'écriture de Souchon est justement d'être cinématographique. On ferme les yeux et on laisse le film se dérouler, au cœur des années cinquante : la plage de son enfance et les rires qui fusent, les voitures telles des œuvres d'art et la bande son avec « L'Heure exquise », extrait de l'opérette *La Veuve joyeuse* de Franz Lehár. Tout y est parfaitement à sa place, pour traduire une ambiance, pour saisir une époque.

L'entame de la chanson, cette manière d'interpeller l'auditeur – « Ferme les yeux, vois » – et de dresser le décor en quatre vers est un modèle pour tous les apprentis auteurs. Dans un style épuré, susciter autant d'images ne peut que laisser admiratif. À l'origine, cependant, ces quatre premiers vers n'ouvraient pas la chanson. L'idée est venue de Pierre et Ours. « Avec mes enfants, c'est un truc sentimental qui fait que je suis enthousiasmé d'être avec eux parce que ce sont mes gars et qu'on s'aime beaucoup. Quand on travaille ensemble, on va à la campagne, on s'isole. Ils me montrent des débuts d'air et je leur montre des débuts de paroles, comme on fait avec Laurent. Faire des chansons, c'est marrant parce que ça lie les gens qui les font. Avec mes fils, on est liés autrement avec cet album.[239] »

Afin de pouvoir travailler par la suite sur la couleur de la chanson, Pierre et Ours enregistrent des voix témoins avec les moyens du bord, à la campagne. « Ils m'ont fait chanter, mais quand il a fallu refaire en studio, le passage où je cite tous les prénoms, cela n'a jamais été aussi bien… J'avais improvisé, la première fois, ça sortait comme ça, tout seul, et j'avais l'impression de réciter, la deuxième fois. Ce n'était pas aussi bien. On a gardé la version de la campagne.[240] »

Pour Alain Souchon, il ne s'agit pas d'une chanson nostalgique à proprement parler, mais d'une carte postale des années cinquante, celle avec une marge blanche et les bords dentelés. « La première fois que j'ai vu le monde, il était comme ça[241] », souligne-t-il. Le piège était facile, et si « Âmes fifties » est le tatouage d'une époque, cela ne signifie pas qu'on a envie d'y retourner.

« Âmes fifties » n'est donc pas la petite sœur de la chanson « Les Regrets », parue en 1993 sur l'album *C'est déjà ça.*

---

239. Entretien de l'auteur avec Alain Souchon pour France Bleu, février 2024.
240. *Ibid.*
241. RTL, 18 octobre 2019.

« Je ne dis pas "c'était mieux avant" car, souvent, ce n'est pas juste. Il y avait la guerre en Algérie, par exemple... Quand les gens disent "c'était mieux avant", c'est simplement parce qu'ils étaient plus jeunes. C'est la perte de la jeunesse... On regrette sa jeunesse qui s'en va. Tout le monde dit : "Ah, il ne faut pas regretter !" Bien sûr qu'on regrette, quand on avait 6 ans et que votre maman vous prenait dans les bras, bien sûr que l'on regrette ce moment qui est un petit peu terminé à 80 ans. On regrette plein de choses, cela fait partie de la vie, de regretter. Je regrette le temps de ma jeunesse, mais il ne faut pas se laisser envahir par ça, même si le premier baiser, l'émotion que cela vous faisait par rapport au trentième, ce n'est pas pareil. Mais ce que j'aime dans cette chanson, "Les Regrets", c'est son titre. J'étais pensionnaire dans des collèges et je lisais beaucoup. J'aimais beaucoup Du Bellay. Il avait écrit un recueil de poèmes qui s'appelait *Les Regrets*, et j'aimais beaucoup, alors j'ai voulu appeler ma chanson "Les Regrets", et j'étais fier.[242] »

De son âme *fifties*, Alain Souchon a gardé l'amour de la poésie. Une poésie qui l'a nourri et fait de lui l'homme qu'il est : « J'ai été élevé par des gens qui aimaient les livres, la lecture, la littérature, la poésie et le théâtre. C'est très important, la façon dont on est élevé. Je sentais bien que les choses importantes, c'était ça, et ça a conditionné ma vie. C'est pour ça que, quand on élève des enfants, il faut y penser. Les choses de l'esprit doivent être aussi présentes que le football et tout ça...[243] »

Alain Souchon est terrifié par l'injustice à la naissance. Il a écrit un texte sur le déterminisme, qui figure sur l'album *Âme fifties*. « J'ai fait une chanson qui s'appelle "Ici et là" pour dire

242. *Ibid.*
243. *Ibid.*

que la naissance ici, ce n'est pas pareil que la naissance là. Si vous naissez dans une famille de professeurs d'université, ce n'est pas pareil que quand vous naissez dans une famille avec un père au chômage et une mère au chômage. Cette injustice-là, elle est démente car cela vous détermine la vie. Ça me fascine toujours. Cette injustice de la naissance, elle est vraiment inexorable et terrible.[244] » « Fantin-Latour et Degas/ Allez, va au musée/ En bas d'la tour, y'a deux gars/ Allez, va t'amuser. »

244. *Ibid.*

« UN TERRAIN EN PENTE »

PUTAIN ÇA PENCHE

Marcher seul est l'une des passions d'Alain Souchon. À pied, le contemplatif qu'il est décèle des trésors inaccessibles au regard des gens pressés. Quand il n'est pas dans les Hautes-Alpes, près de Briançon, et qu'il éprouve le besoin de prendre de la hauteur, il se rend à Montmartre ou à Suresnes pour dominer Paris.

« Dans "Un terrain en pente", je raconte que je monte au-dessus de la ville à la tombée de la nuit, pour la regarder. Je romance un peu parce que je ne vois pas vraiment les gens vivre. Mais j'ai pris une photo du monde actuel avec des gens qui peinent parce qu'on ferme leur usine. J'aurais adoré être photographe, mais je ne sais pas prendre une bonne photo. Je n'ai pas de sens esthétique, mais j'aime bien ça quand cela fait une espèce de film.[245] » « J'vois au

245. « Pop N' Co », France Inter, 7 juin 2021.

bord de l'Eure/ Une usine qu'on vend/ Et des hommes qui pleurent/ Devant… » « J'aime bien cette chanson car c'est l'un de mes seuls titres que je peux jouer à la guitare. Je peux me prendre pour Francis Cabrel qui joue "Le Chêne liège", chanson que j'adore.[246] »

L'idée d'« Un terrain en pente » est venue à Alain Souchon en se rendant sur les hauteurs. « J'ai trouvé ces deux vers – "On va tous deux là-haut/ On voit tout de là-haut". La similitude phonétique entre les deux phrases, ça me botte, ça m'embarque, après, la musique vient facilement. Je pense que j'ai d'abord les idées de chansons et, quelquefois, des mots ou des bouts de phrase. Je rature tout le temps. Une chanson, c'est très raccourci, c'est une photo. Il faut que ce soit rapide et clair, très concentré, c'est un petit exercice que j'adore faire.[247] »

Dans cette situation dominante, Souchon devient un observateur éclairé du monde et tente de comprendre le mouvement de cette foule sentimentale. Cette manière d'embrasser la ville du regard remonte à l'enfance et à « La Complainte de Mandrin », dont l'histoire le fascinait. « C'est une chanson que j'écoutais quand j'étais petit et qui parlait d'un bandit condamné à la pendaison. Et quand il monte sur la potence – les potences sont un peu en hauteur généralement –, la corde au cou, il chante, juste avant de mourir : "Monté sur la potence/ Je regardai la France." Alors, j'ai fait pareil en écrivant "Un terrain en pente".[248] »

Le cap des 80 ans donne quelquefois du vague à l'âme à Alain Souchon. L'inexorable avancée du temps le transperce. Son métier lui plaît autant qu'à ses débuts et il n'a pas envie

246. Entretien de l'auteur avec Alain Souchon pour France Bleu, février 2024.
247. « L'Invité de Pascal [Nègre] », RFM, 21 octobre 2019.
248. RTL, 18 octobre 2019.

de s'arrêter au bout du chemin. Il s'inquiète autour de lui de savoir s'il n'est pas ridicule, comme il a pu trouver certains de ses vieux confrères, quelquefois. « On est choyés par la société quand on a du succès dans la chanson, dans les livres, dans le sport, on s'habitue vite aux sourires des gens quand on marche dans la rue, on se dit : "Cela ne va peut-être pas durer, je vais être habitué, être choyé comme ça." Puis, quand ça s'arrête, on peut être très malheureux.[249] »

Nul besoin de vendre son âme au diable en échange de la jeunesse éternelle : sa cure de jouvence lui a été prescrite par son médecin de famille. « Je suis allé le voir parce que j'avais un petit coup de mou. Il m'a carrément prescrit sur ordonnance : "Prenez de la vitamine et faites une tournée avec vos deux gars." Il savait qu'on avait déjà fait des concerts ensemble, évidemment.[250] »

On craignait de perdre un Souchon, on a en gagné trois, réunis dans une longue tournée, baptisée *Souchon, père et fils*, de mai 2024 à avril 2025. Merci, Docteur ! « Pierre et Ours vont être chacun à côté de moi, avec juste une guitare sèche, et je vais chanter mes chansons comme ça. Elles vont être interprétées différemment. Ça me plaît de faire ça, de partir avec eux. Ils sont tellement gentils, c'est merveilleux pour moi. C'est leur mère qui les a élevés ; moi, j'étais souvent parti.[251] »

Finalement, ce qui « excite » Souchon, comme il le dit lui-même, « ce n'est pas la vie, c'est de la raconter dans [ses] chansons »[252].

249. Entretien de l'auteur avec Alain Souchon pour France Bleu, février 2024.
250. *Le Parisien*, 11 février 2024.
251. Entretien de l'auteur avec Alain Souchon pour France Bleu, février 2024.
252. *Les Inrockuptibles*, décembre 2014.

REMERCIEMENTS

Merci à Alain Souchon d'avoir écrit parmi les plus belles pages de la chanson française ;

Merci à Clément Ronin, mon éditeur, d'être venu me chercher. Merci pour sa confiance et son infinie patience ;

Merci à Thierry Barbelivien, Stéphane Deschamps, Éric Jean-Jean, Laurent Voulzy, Augustine Crosnier et Aro Sainz de la Maza ;

Merci à Messi, Myrtille, Chaussette, Bouboule et Rikiki d'avoir partagé mes nuits souchonniennes.

Composition et mise en pages
Nord Compo à Villeneuve-d'Ascq